हिन्दू-हिन्दुत्व

इला कुमार

डायमंड बुक्स

www.diamondbook.in

प्रकाशकः डायमंड पॉकेट बुक्स (प्रा.) लि.
X-30, ओखला इंडस्ट्रियल एरिया, फेज-II
नई दिल्ली-110020
फोन : 011-40712200
ई-मेल : sales@dpb.in
वेबसाइट : www.diamondbook.in
संस्करण : 2014
मुद्रक : रेप्रो (इंडिया)

Hindu-Hindutva
By : Ila Kumar

नई पीढ़ी के लिए

विषय सूची

आत्मकथ्य

कहा जा सकता है कि इस पुस्तक को लिखे जाने का कोई ठोस कारण एक कवि अर्थात् मेरे पास मौजूद नहीं था, लेकिन विश्व स्तर पर भारतीयों की उपस्थिति को देखते हुए इस पुस्तक की जरूरत समाज को है, ऐसा पिछले वर्षों में मुझे कई बार शिद्दत से महसूस हुआ। जब इस तरह की किताब की बात मेरे मन में आई तो सहज ही यह बात महत्त्वपूर्ण तथ्य की तरह उभर आई। हम देखते हैं कि नई पीढ़ी को कई अनुत्तरित प्रश्नों के उत्तर चाहिए, उन लोगों से थोड़ी बातचीत होने पर यह बात समझ में आ जाती है। बीते महीनों में मेरे मन ने इस तथ्य को अपने ढंग से समझने की चेष्टा की और इसी क्रम में पढ़े गए भारतीय शास्त्रों में निहित ढेर सारे तथ्यों-कथ्यों ने पंक्ति दर पंक्ति बनकर इस पुस्तक की सूचना करने में मेरी सहायता की।

होता यह है कि बहुत सारे हिंदू शास्त्रों को हिंदी-संस्कृत या अंग्रेजी में पढ़ लेने के बाद भी न जाने कितने प्रश्न अनसुलझे रूप में हमारे सामने आ खड़े होते हैं यथा मंगल के दिन लाल-वस्त्र क्यों पहनें, ब्रह्म मुहूर्त में क्यों उठें वगैरह, वगैरह।

श्रुतियां-स्मृतियां, कथाएं-किंवदंतियां हमें बहुत कुछ बताती हैं। हर साल मनाए जाने वाले तीज त्यौहार, उत्सव, उपवास भी कई सवालों को अनजाने ही हमारे सामने खड़ा कर देते हैं। दूसरे धर्माम्वलम्बियों से बातचीत-बहस होने के क्रम में भी कितनी ही

बातें श्रुति-स्मृतियों के ढेर से उठकर हमारे निकट आ जाती हैं।

बात समुद्र मंथन की कथा एवं सागर तल से शुरू होती है और मेरू पर्वत के शिखर पर बैठे कागभुशुंड[1] तक जा पहुंचती है। बीच में न जाने कैसे कैसे देवासुर संहार, असुर युद्ध, देवी के नौ रूपों के बिंब, रावण के दस मस्तकों की बात आती है, कृष्ण के विराट रूप एवं राजा बलि के पाताल गमन की कथा आ खड़ी होती है।

इसमें शक नहीं कि शास्त्रों के अनुसार न जाने कितने युग, चतुर्युग, कल्प और मन्वन्तर अभी तक बीत चुके हैं। इन सभी के बारे में विचार करने पर बीच-बीच में घटित घटनाओं के कई सूत्र परंपरा के रूप में सामने खड़े दिखते हैं, यथा-मनाली प्रदेश में देवताओं का जमघट दशहरे के समय लगता है, जिसमें अलग-अलग जगहों से कथित रूप से देवता गण पालकी में बैठकर आते हैं। वे बड़ी-सी खुली जगह में अपने अपने तंबुओं में एक जगह इकट्ठे होते हैं और खूब बड़ा समारोह मनुदेव (आदि पुरुष) के भूखंड (मनाली) में हर वर्ष आयोजित किया जाता है। दशहरे के समय कुल्लू-मनाली में मनाया जाने वाला यह उत्सव, न जाने किस-किस इतिहास खंड को दर्शाता है।

यह स्वीकारने में मुझे थोड़ा भी संकोच नहीं है कि कई अजीबोगरीब किंवदंतियों के जुड़ जाने के बावजूद हिंदू शास्त्रपुराणों में कई आश्चर्यजनक तथ्य छिपे हुए हैं और आज के समय से अलग तरह से जुड़े हुए हैं। बात योगवासिष्ठ के राजा बलि की करें या केरल के पोंगल पर्व के समय उनके पुरातन देवता पुरुख़ राजा बलि के पाताल लोक से एक दिन के लिए पृथ्वी पर आने के विश्वास की करें, अलबेरूनी

---

1. **योगवसिष्ठ में वर्णित महाज्ञानी कागभुशुंड को ज्ञानीजन अजर, अमर मानते हैं।**

द्वारा वर्णित दशरथ के पुत्र राम के द्वारा बनवाए गए समुद्री पुल के ध्वस्त पायों की करें या नासा द्वारा प्रकाशित समुद्र के अंदर स्थित ध्वस्तपुल के अवशेषों की करें या फिर चण्डी देवी, वैष्णो देवी के मंदिर की करें। कृष्ण की नगरी द्वारका के समुद्र के अंदर स्थित होने की करें या हिमालय पुत्री पार्वती से जुड़ी किंवदतियों की।

मुझे लगता है पुरातत्ववेत्ताओं के साथ-साथ इतिहास के छात्रों एवं सोशल साइंस के विद्यार्थियों को, फिज़िक्स-गणित के ज्ञाताओं को, कंप्यूटर, लेज़र किरणों आदि को साथ लेकर कुछ रिसर्च करने चाहिए, पेपर लिखने चाहिएं। भारतीय स्कॉलर्स को वैज्ञानिक दृष्टि से अपने शास्त्रों को एक-दूसरे से संबंधित करने के संदर्भ में कुछ सम्मिलित प्रयास विश्वस्तर पर करने चाहिए, उन्हें अतीत के गर्भ में समा गए तथ्यों की सिलसिलेवार खोज करनी चाहिए। कर्मकांड के अंदर पैठे वैज्ञानिक तथ्यों की खोज उन्हें निस्पृह रहकर करनी चाहिए और पूरे विश्व के वैज्ञानिकों, इतिहासज्ञों एवं ब्रह्मांडविज्ञानियों तथा भूगर्भ-शास्त्रियों के साथ बैठकर अपने बीत चुके समय के सत्यों को नए संदर्भ में वैज्ञानिक ढंग से जानने की कोशिश करनी चाहिए।

भविष्य में की जाने वाली ऐसी किसी भी कोशिश के लिए इस पुस्तक की पंक्तियां अभी से आभार प्रकट करना चाहती हैं!

—इला कुमार

बंगला नं.-1526, रेलवे कालोनी
08-05-2008; बिलासपुर

हिन्दुत्व

हिन्दू की, हिन्दुत्व की चर्चा भारतीय समाज के परिप्रेक्ष्य में करते हुए हम पाते हैं कि बात इंडस नदी, सिंधु घाटी आदि से गुजरती हुई राजा भरत के नाम पर रखे गए भारतवर्ष नामक देश पर जा टिकती है। बकौल भारतीय इतिहास 'वह देश जहां राजा भरत[1] के वंशज रहते हैं जो उत्तर में हिमालय से लेकर दक्षिण में हिंद महासागर तक विस्तृत है'[2] अर्थात् भारत देश।

भारत यानि कि एशिया महाद्वीप के दक्षिणी भाग में स्थित तीन प्रायद्वीपों का मध्यवर्ती प्रदेश, जिसके उत्तर में हिमालय तथा दक्षिण में हिंद महासागर एवं उत्तर-पश्चिम में पर्वत हिंदूकुश तथा उत्तर पूर्व में आसाम के बाद का क्षेत्र स्थित है। कहा जाता है कि इसी पृथ्वी-खंड को ईसा पूर्व छठी शताब्दी के आसपास यूनानियों द्वारा सिंधु नदी के नाम पर फ़ारसी रूपांतरण के आधार पर इंडस, हंडस आदि शब्दों को आधार बनाकर हिंदोस्तां कहकर पुकारा गया।

हिंदुस्तान के शुरुआती नाम 'हिंदोस्तां' को इस रूप में प्रचलित किया गया-''दोस्तां हो जो हिंद का यानि कि हिंद का दोस्तां-अर्थात् हिंदोस्तां।'' और ऐसे हिंदोस्तां लोगों के समूह जिस

---

1. **भारतवर्ष के नाम के संदर्भ में पराक्रमी राजा भरत का उल्लेख किया जाता है, जो दुष्यंत एवं शकुंतला के पुत्र थे एवं जिनके नाम पर इस देश का नाम भारत पड़ा।**
2. **विष्णु पुराण (खंड 2/3.1)**

रिहायशी पृथ्वी खंड में रहते थे, उसे हिंदोस्तां (हिंदुस्तान) कहा जाने लगा। इस तरह बाद के समय में भारत को हिंदुस्तान कहा जाने लगा। इसके भी बाद में इसे इंडस नदी से संबंधित करते हुए इंडिया कहकर पुकारा जाने लगा, भारतीय संदर्भों के बीच जब हम हिंदू, हिंदुत्व और हिंदू समाज की बात करते हैं तो ऐसा नहीं लगता कि हम किसी बहुत अलग किस्म के फ्रेम की बात कर रहे हैं, क्योंकि यहां भारत में हर दूसरा व्यक्ति हिंदू ही तो है। बल्कि यह बात यहां रहते हुए इतनी गौण-सी लगती है कि अन्य संदर्भों के बीच, ज्यादातर विषयों के बीच इस विषय पर बातचीत करने की जरूरत ही महसूस नहीं होती लेकिन हां, जब हम ग्लोबल स्तर पर सोचते-विचारते हैं तो एक साथ कई मुद्दों के साथ-साथ हिंदू दर्शन की निरपेक्षता, अन्य धर्मों के बिम्बों के बीच कौंध उठती है और तब मन थोड़ा-सा चौंक जाता है।

यह सच है कि हिंदुत्व धर्म नहीं है बल्कि यह दर्शन की छाया-प्रतिच्छाया के बीच स्वयं को दर्शाता हुआ, दोनों की बात करता हुआ, दोनों को अपने अंदर समाहित रखता है। हिंदुत्व एक भगवान की नहीं, अनेक देवी-देवताओं की एक साथ बात करता है और साथ ही निराकार एकमात्र ब्रह्म की भी बात करता है, ''एकोडम्-द्विितीयोनास्ति!''

वास्तव में हिंदुत्व धर्म नहीं दर्शन ही है।

पुरातन शास्त्रों में हिंदुओं से संबंधित कई तरह के आलेख मिलते हैं, यथा कालिकापुराण ग्रंथ में वर्णन आता है-''कालेन बलिना नूनमधर्मकलिते केलौ यवनेर्द्योरभाक्रान्ता हिंदवौ विन्ध यमवसशिना'' अर्थात् ''कलि के पर्दापण होने से धर्मशून्य कलियुग में विदेशियों के द्वारा आक्रमण होने पर हिंदूजन विंध्यपर्वत को चले गए।''

संस्कृत साहित्य में बार-बार हिंदू शब्द आता है, इसकी परिभाषा में ही हिंदुओं का वास्तविक स्वरूप परिलक्षित हो उठता है..... हिंदू वह है जो दुष्टनाशक, धर्मपरायण, वेद धर्मानुयायी, नारायण भक्त और विद्वान है।

रामकोश में भी हिंदुओं को कुछ इसी भांति परिभाषित किया गया है:

"हिंदुर्दुष्टो न भवति नानार्यो न विदूषकः। सद्धर्मपालको विद्वान श्रौतधर्मपरायणः" –अर्थात् –"हिंदू न तो दुर्जन होता है, न अनार्य और न ही निंदक। जो सच्चे धर्म का पालक, विद्वान और वेद धर्म में निरत है, वही हिंदू है।"

इतिहास के दर्पण में हिंदू शब्द पर्वत हिंदूकुश से भी सीधे-सीधे जुड़ा हुआ दिखता है। सिकंदर के भारतवर्ष आने के समय को याद करें या उसके भी सैकड़ों वर्ष पहले बने पारसियों के धर्म 'अवेस्ता' की बात करें, सभी सूत्र जाकर 'हिंदूकुश' पर्वत और सिंधु नदी के तट पर बसनेवाले हिंदुओं से ही जुड़ जाते हैं।

इतिहास बताता है कि 'बलख' नगर का नाम पहले 'हिंदवार' हुआ करता था। सिंधु नदी का उल्लेख भारतीय पुराणों-शास्त्रों में कुछ इस रूप में मिलता है कि ऋषियों ने अनेक वैदिक मंत्रों की रचना इसके तट पर की थी। एक ओर पारसवासियों ने नदियों को स्वात, गोमती, कुमा, वितस्ता, चंद्रभागा, इरावती और हप्त हिन्दू (सप्त हिंदू) नामों से पुकारा, दूसरी ओर भविष्य पुराण[3] में 'हप्तहिंद' आदि शब्दों का उल्लेख मिलता है। यह साम्य आश्चर्य भाव की रचना करने के साथ-साथ हप्त हिंद एवं सप्त हिंद आदि शब्दों के मतलब को भी प्रकट करता है।

---

3. भविष्य पुराणः प्रतिसर्ग पर्व अध्याय पांच।

सही है कि भारत में रहने वाले लोगों में से ज्यादातर हिंदू हैं, परंतु हिंदुत्व किसी खास धर्म पर आधारित नहीं है। वास्तव में 'हिंदुत्व' दर्शन है, फिलासफी है जिसके अंदर कई धर्म और वाद सम्मिलित हैं-शैव धर्म, वैष्णव धर्म, सनातन धर्म वगैरह, वगैरह। भारत में ईश्वरवाद भी प्रचलित है और अद्वैतवाद भी। धर्म के संबंध में भारत अत्यंत उदारतावादी है। निरपेक्षता की हद तक इस देश में अनेक हिंदू समुदाय अपने-अपने भगवानों की उपासना करते हुए निर्द्वन्द्व महाभाव के बीच रहा करते हैं।

भारत में भारतीयों के बीच किसी भी धर्म को मानने वालों के बीच यह प्रचलित है कि वे चाहे जिस भी धर्म का पालन करें लेकिन हर धर्म का, साथ ही व्यक्ति का भी प्रमुख रास्ता हमेशा मोक्षत्व की ओर बढ़ते रहना चाहिए। माना जाता है कि धर्म का पालन करने वाला मोक्ष की ओर तेजी से बढ़ता रहता है। जो भी व्यक्ति आत्मत्व की ओर सच में मुड़ जाता है, उसे ही भारत में वास्तविक साधक या ज्ञानी कहा जाता है। आत्मज्ञानी को ही समाज में सबसे उच्च आसन प्राप्त है, जैसे कि शुकदेव, नारद, वसिष्ठ, राजा बलि, चूड़ाला, लीला, गार्गी, याज्ञवल्क्य, राम, कृष्ण, शंकराचार्य, विवेकानंद आदि।

विश्वस्तर पर पूरी समग्रता में देखने पर यह बात समझ में आती है कि हिंदू समाज किन्हीं खास तरह के नियमों के बीच स्वयं को बनाए रखता है। वे नियम यूं तो साधारण से एवं कदम-कदम पर आचार व्यवहार से संबंधित दिखते हैं लेकिन विश्लेषण करने पर यह सहज ही समझ में आ जाता है कि वे नियम साधारण नहीं हैं जिनका पालन हिंदू वर्ग करता है। सहज सवाल उठता है कि कैसे हैं वे नियम?

उन नियमों को परखने के लिए शुरुआत हम जन्म के समय से करते हैं और बढ़ते-बढ़ते नियमों के संदर्भ में मृत्यु तक को देखने की चेष्टा करने पर पाते हैं कि हिंदू समाज में कुछ नियम इस प्रकार व्यावहारिक स्तर पर मिले हुए हैं कि वे अलिखित कानून की तरह हर कहीं उपस्थित रहा करते हैं। जन्म होने के बाद जातकर्म, षष्ठी पूजन आदि नियम व्यवहार में निभाए जाते हैं। उसके बाद आती है अन्नप्राशन की बात, उसके आगे बढ़ने पर 'भट्ठा छुलाई' यानि कि लिखने-पढ़ने की शुरुआत का नियम निभाया जाता है, निकट सम्बन्धी आते हैं, हवन-पूजन होता है।

फिर यज्ञोपवीत मुंडन संस्कार आदि का नियम निभाया जाता है। उसके बाद विवाह संस्कार आदि के बाद गृहस्थ धर्म के पूरे काल के व्यतीत होने के पश्चात् वानप्रस्थ, संन्यास आदि को निभाने का नियम अभी भी कई जगहों पर दीख पड़ता है।

कई बार वानप्रस्थ, संन्यास आदि को मानसिक रूप से भी निभाने का नियम पालन किया जाता है। हिंदुओं में मृत्यु संस्कार के भी अलग नियम हैं यानि कि मृत शरीर अग्नि को सौंप देने का नियम। पूरे जीवन काल में निभाए जाने वाले नियमों के साथ-साथ अनेकानेक उत्सव, त्यौहार एवं पूजा-अर्चना आदि का समावेश हिंदू जीवन पद्धति के बीच लगातार बना रहता है।

पूजा अर्चना

भारतीयों के बीच पूजा अर्चना का विशेष महत्व है, दिन प्रतिदिन पूजा करना, इस समाज में निश्चित तत्त्व की तरह उपस्थित है। अनेक घरों में इस नियम को कट्टरतापूर्वक निभाया जाता है। लोग तरह-तरह से इस नियम को निभाते हैं। कुछ लोग बिना नहाए अन्न का दाना मुंह में नहीं डालते। कुछ लोग बिना देवता को भोग लगाए स्वयं नहीं खाते हैं।

पूजा अर्चना को कर्मकाण्ड के अंतर्गत शामिल माना जाता है-भगवान की मूर्ति या फोटो के आगे धूप-दीप जलाना, पुष्प चढ़ाना, घंटी बजाना, मंत्रों का पाठ, वंदना वगैरह-वगैरह। स्त्रियां इस तरह के कर्मकाण्ड के निभाव को श्रद्धापूर्वक करती हैं। ज्यादातर हिन्दू स्त्रियां प्रतिदिन नहाकर अगरबत्ती जलाती हैं। तुलसी को पानी देती हैं। सूर्य देव को अर्घ्य अर्पित करती हैं।

अलग-अलग तरह की पूजन विधि हिंदू समाज में प्रचलित है। यहां देव की, देवता की और देवी-देवताओं की पूजा की जाती है। शिव की पूजा, काली की पूजा, शंकर-पार्वती एवं राम-सीता की पूजा अलग-अलग तरह के मंत्रों द्वारा की जाती है।

इस तरह के पूजन अर्चन को द्वैत भाव के अंतर्गत रखा जाता है, द्वैत यानि की दो। एक वो जिसकी पूजा की जाए और दूसरा वो जो पूजा करे–उपासक एवं उपास्य।

आदि काल से भारत में प्रकृति को शक्ति स्वरूप मानकर उसके अलग-अलग रूपों को देव-स्वरूप में पूजने की प्रथा कायम है यथा-आकाशदेव की उपासना, विद्युतदेव, सूर्यदेव, वायुदेव, वरुणदेव एवं पृथ्वी की उपासना। ज्यादातर पूजन अर्चन के लिए पुरोहितों अथवा पंडितों की आवश्यकता पड़ती है। पंडित मंत्र पढ़ते हैं। पूजा के सही तरीके बताते हैं कि कब संकल्प लेना है, कब आचमन करना है, कब मंत्र पढ़ना है, किस समय दीप-धूप, पुष्प अर्पित करना है, हवन करना है और कब भोग लगाना है, वगैरह-वगैरह। कई बार उपासना को सामूहिक रूप से भी संपन्न किया जाता है। कथा वाचन कराया जाता है जैसे कि सतनारायण कथा।

इन कर्मकांडी तरीकों के द्वारा पूजा-अर्चना हिंदू समाज में प्रचलित तो है, लेकिन यहां मानसिक पूजन विधि का भी प्रचलन है, हालाँकि बहुत कम लोगों के बीच इस विधि का चलन है, लेकिन मानसिक पूजन विधि हिंदू समाज में प्रचलित है-जप और तप के द्वारा उपासक अपने उपास्य की पूजा-उपासना करता है।

जो लोग तप करते हैं वे मन ही मन मंत्र दुहराते हैं। कई बार देखा जाता है कि वे हाथ पैर हिलाते नहीं हैं लेकिन जप उनके मन में चलता रहता है, चलता रहता है। ध्यान मुद्रा में बैठा व्यक्ति भी मौन होकर मानसिक धरातल पर आत्म पूजन में लीन हो जाता है- निष्कम्प निर्धूम ज्योति शिखा के सदृश्य स्थिर हो जाता है।

मानस पूजन विधि में आत्मा की पूजा की जाती है बोध, साम्य और शम के द्वारा। इसकी चर्चा योगवसिष्ठ नामक पुरातन पुस्तक में आती है... शंकर भगवान कहते हैं-"मेरी पूजा तीन प्रकार के पुष्पों से की जाती है-बोध, साम्य एवं शम।"

आत्मा को सही रूप में जानना बोध है। सबमें आत्मा देखना साम्य है। चित्त का आत्मा में विलीन हो जाना तथा आत्मा के अलावा कुछ न देखना शम है....।

शिव गीता में भी कुछ इसी प्रकार का वर्णन मिलता है। पूजन अर्चन के अलावा हिंदू समाज में व्रतों, त्यौहारों का भी बेहद प्रचलन है। तरह-तरह के व्रत यहां रखे जाते हैं–एकादशी का, पूर्णिमा-अमावस्या का, रामनवमी एवं शिवरात्रि का, अनंत चतुर्थी एवं जन्माष्टमी का। नवरात्र एवं छठ पर्व का व्रत एवं उपवास भी हिंदू रखते हैं।

हिन्दुओं के बीच होली दीवाली को खास उत्सव के रूप में मनाया जाता है–खाना-पीना, मिलना-जुलना, रंग-अबीर उड़ाना, दीप जलाना, पटाखे छोड़ना वगैरह-वगैरह।

कोई संदेह नहीं कि बाकी समाज से बिलकुल अलग हिंदू समाज के रंग ढंग हैं। यहां जन्म से मरण तक के कर्मकांड को मंत्रों की सहायता से पुरोहित संपन्न कराते हैं। विशेष अवसरों पर घर में पूजा करवाई जाती है, पंडित आकर यजमान से निश्चित दूरी पर जमीन पर आसन बिछाकर बैठते हैं एवं मंत्रों श्लोकों की सहायता से हवन-पूजन करते हैं। लोग मंदिरों में पूजा करने के लिए वर्ष-भर जाते रहते हैं। जिसकी जब इच्छा हुई मंदिर चला जाता है।

हिंदू मंदिरों की उपस्थिति के संदर्भ में कहा जा सकता है कि हिंदुओं के बीच जो अनेक किस्म के वाद प्रचलित हैं उन विभिन्न मतों को आकार देने के ख्याल से अनेकानेक शास्त्र लिखे गए हैं। अनेक किस्म के वाद एवं विभिन्न शास्त्रों में वर्णित न जाने कितने देवी देवता हिंदू समाज में पूजे जाते हैं और इस तरह मंदिरों की उपस्थिति आवश्यक सत्य की तरह भारतीयों के बीच मौजूद रहती है।

देवी-देवताओं के हजारों-लाखों छोटे-बड़े मंदिर पूरे भारतवर्ष में फैले हुए हैं। चारों धामों में स्थित बद्री विशाल, कृष्ण, शिव एवं जगन्नाथ के मंदिर हैं। बनारस, बैद्यनाथधाम, ओंकारेश्वर आदि में स्थित ज्योतिर्लिंग हैं तथा वैष्णो देवी, कामख्या आदि में देवी के मंदिर स्थित हैं। इन सभी मंदिरों के अलावा हर शहर, हर गांव में भक्तों द्वारा बनवाए गए तरह-तरह के मंदिर भारत में उपस्थित हैं। हर गांव के प्रवेश द्वार पर एक मंदिर स्थापित करने की प्रथा पूरे भारत में है। साथ ही तालाब बनाते समय उसके किनारे एक मंदिर एवं एक मोटे तने वाला पेड़ जरूर लगाया जाता है।

आम लोगों से, विद्वानों से बातचीत करके इस निष्कर्ष पर पहुंचा जा सकता है कि पुरातन काल से लेकर अभी के समय तक देवी-देवता (सूक्ष्म जगत में स्थित शक्ति स्वरूप आकार) को हिंदू मानस ने युगों से पूरे विश्वास के साथ संभालकर रखा हुआ है।

सच है कि हिंदू समाज, ब्रह्मत्व के बीच कौंधते एकत्ववाद पर टिका हुआ है। जिसके कारण पृथ्वी पर स्थित अन्य सभी समाजों से यह अलग दिख पड़ता है। हिंदुओं के बीच प्रचलित अनेक किस्म के वाद एवं अनेकानेक शास्त्रों को पोषित करने वाले छोटे बड़े मंदिर हैं। हर मंदिर में प्रतिदिन देवता की पूजा किए जाने की प्रथा है।

यहां अनेकानेकवाद प्रचलित हैं जैसे कि शैववाद, विष्णुवाद, तंत्रवाद आदि। अन्य सभी वाद के साथ-साथ ब्रह्मवाद भी उपस्थित है। कई लोग यहां जीवन-भर ब्रह्मोपासना करते हैं। वे खास तरह के लोग कर्मकांडों को कम ही निभाते हैं।

शिव को आदिदेव कहा जाता है और शैव उपासकों के समूह

के बारे में पाणिनी से लेकर योगाचार्य पतंजलि तक ने इंगित किया है। पतंजलि ने अपने महाभाष्य में शैव उपासकों के समूह के बारे में लिखा है।

विष्णुवाद भगवान विष्णु की उपासना से जुड़ा हुआ है। वैष्णव धर्म को भगवद-समुदाय से गहन रूप से जुड़ा हुआ पाया जाता है। देवों के देव वासुदेव 'विष्णु' का उल्लेख बेसनगर स्तंभ अभिलेख में ग्रीक राजदूत हेलियो डोरस के संदर्भ में भी मिलता है।

वैष्णव धर्म भक्ति पंथ के रूप में ईसा युग से सदियों पूर्व उदित हुआ था जिसका आधार भगवद्गीता में पाया जाता है। वैष्णव धर्म का भागवत् आंदोलन किसी समय दक्षिण भारत में बारह अलवारों (वैष्णव संतों) के द्वारा प्रसारित हुआ था, जिन्होंने विष्णु के प्रति एकात्मपूर्वक प्रेममय समर्पण का संदेश दिया। इसके प्रमुख आचार्यों में रामानुज, यमुनाचार्य, माधवाचार्य एवं निम्बार्क का नाम लिया जाता है।

निर्माण का देवता ब्रह्मा को माना जाता है। कहा जाता है कि सृष्टि का निर्माण ब्रह्मा ने ही किया। ब्रह्मा, विष्णु, महेश को त्रिदेव कहा जाता है। त्रिदेव या त्रिमूर्ति का उल्लेख भारतीय संहिताओं में बार-बार आता है। ब्रह्मा निर्माणकर्ता, विष्णु पालनकर्ता और शिव संहारकर्ता के रूप में पूजे जाते हैं और उनकी एक साथ जुड़ी हुई तीन फलक वाली मूर्ति स्थापित की जाती है।

हिंदू शास्त्रों में तैंतीस करोड़ देवी-देवताओं का उल्लेख आता है। अलग-अलग देवताओं की विभिन्न पूजन विधियां इस देश में प्रचलित हैं। पूजा का समय भी वर्ष में नियत दिवस पर पंचाग के अनुसार तय होता है। मकर संक्रांति को सूर्यदेव की उपासना की

जाती है। वसंत पंचमी को सरस्वती की। महाशिवरात्रि शिवपूजा का दिन है तो अनंत चतुर्दशी विष्णुपूजन का।

नवरात्र में देवी के नौ रूपों की पूजा की जाती है और दीपावली के दिन गणेश एवं लक्ष्मी की।

रामनवमी को रामजन्म उत्सव के रूप में मनाया जाता है और कृष्णाष्टमी को कृष्ण जन्मोत्सव के रूप में।

होलिका दहन प्रहलाद के संदर्भ में किया जाता है तथा रावण दहन 'दशहरा', राम के द्वारा असुर संहार एवं लंका विजय के संदर्भ में मनाया जाता है।

वेदों में अनेक देवताओं की उपासना के मंत्र दिए गए हैं-सूर्य, इंद्र, अग्नि, वरुण, अश्विनी, पूषा आदि-आदि, लेकिन ऋग्वेद का यह मंत्र उसी अनेकता में एकता को इंगित करता है-'एकं सत् विप्रा बहुधा वदंति।'[1]

मंदिर अलग-अलग हैं, लेकिन वहां जानेवाले दर्शनार्थियों के मन में एक सी श्रद्धा दीख पड़ती है, लगभग सभी हिंदू मंदिरों में जाते हैं, पूजा अर्चना करते हैं।

कुछ प्रसिद्ध मंदिरों की बात अगर हम करें तो सबसे पहला नाम बद्रीनाथ का आता है।

हिमालय की चोटी पर स्थित बद्रीनाथ में साढ़े ग्यारह हजार फीट की ऊँचाई पर विष्णु का मंदिर है, इसके पट अक्षय तृतीया (मई प्रथम सप्ताह) को बर्फ पिघलने पर खुलता है एवं नवंबर के दूसरे-तीसरे सप्ताह में बंद हो जाता है, बर्फ की चादर तले मंदिर महीनों चुपचाप खड़ा रहता है। कुछ संत उस बर्फ के मौसम में भी बद्रीनाथ में ही रहते हैं। केदारनाथ में स्थित शिव मंदिर के पट भी गर्मियों में खुलते हैं और सर्दियों में बंद रहते हैं।

इतिहास में वर्णित रामेश्वरम् नामक स्थान पर, लंका पर आक्रमण करने के पूर्व राम ने शिव की आराधना की थी। शिव की पूजा से आलोकित इस नगरी में समुद्र आश्चर्यजनक रूप से शांत दिख पड़ता है।

द्वारिका में समुद्र तट पर स्थित श्रीकृष्ण का मंदिर है जिसमें भगवान श्रीकृष्ण की पूजा-आराधना बड़े ही राजसी ढंग से होती है। कृष्ण के जन्म समारोह जन्माष्टमी के दिन विशेष पूजा यहां होती है।

जगन्नाथपुरी में कृष्ण, सुभद्रा एवं बलदेव की मूर्ति है। यह मूर्ति विशेष प्रकार के नीम वृक्ष के तने से बनाई जाती है, इस मंदिर के पट साल-भर खुले रहते हैं। जुलाई महीने में होनेवाली रथयात्रा के दिन पूरे विश्व से यहां दर्शनार्थी आते हैं एवं बड़े समारोह के साथ भगवान की पूजा अर्चना की जाती है। कहा जाता है कि चारों तीर्थों के दर्शन करनेवाले को मोक्ष प्राप्त होता है। एक प्रबुद्ध धार्मिक हिंदू आज भी चारों धामों के दर्शन की प्रबल ख्वाहिश लिए हुए अपना जीवन जीता है। कई भाग्यवान शरीर छोड़ने से पहले चारों धामों की यात्रा पूरी कर लिया करते हैं।

शंकराचार्य द्वारा स्थापित चारों मठ एवं चारों धाम के अलावा भी भारत में न जाने कितने ही देवताओं के मंदिर स्थापित हैं-वाराणसी का विश्वनाथ मंदिर, जम्मू की वैष्णो देवी का मंदिर, अमृतसर का स्वर्ण मंदिर एवं पटना में पटनदेवी का मंदिर, तिरुपति में बालाजी का मंदिर, मदुरै की मीनाक्षी का मंदिर।

कई ऐसे अनदेखे मंदिर भी भारत में यहां वहां बिखरे हुए हैं जो न तो मैप पर अंकित हैं, न ही प्रशासन के गजेटियर में,

लेकिन मंदिर हैं। मंदिर में बैठे देवता भी हैं, उनकी पूजा भी होती है।

वैसे हर शहर, गांव में एक न एक मंदिर अवश्य हुआ करता है।

मंदिर की परंपरा को इस तरह से समझा जा सकता है कि आम व्यक्ति (गरीब या अमीर) जब अपना घर बनाता है तो वहाँ एक स्थान देव पूजा का अवश्य होता है। चाहे वह स्थान एक बड़े हॉल के रूप में हो या एक कमरे के कोनों में स्थित ताखा के रूप में। पूजा उपासना, देवस्थान एवं मंदिर आदि हिन्दू समाज के अभिन्न अंग की तरह हैं।

योग एवं जीवन दर्शन

पूजा, उपासना के अलावा भारतीय दर्शन के बीच 'योग' एक सचाई की तरह मौजूद रहता है। योग का शाब्दिक अर्थ है–जोड़ना, जुड़ाव। 'योग' को व्यक्ति के मन को परमात्मा से जोड़ने के रूप में इंगित किया जाता है। यहां की जीवन पद्धति के बीच योग एक महत्त्वपूर्ण आचरण की तरह प्रचलित है, जिसे हर घर के मानस में और व्यावहारिक धरातल पर समान रूप से मान्यता प्राप्त है।

वास्तविक अर्थों में संपूर्ण ब्रह्मांड से जुड़ाव की दिशा में सतत् प्रयत्नशील रहने को ही योग कहते हैं। योग का मतलब है, जीव का परमात्मा से जुड़ाव। इसी जुड़ाव को लक्ष्य मानकर शास्त्रों में वर्णित–विधियों के आधार पर लोग कई तरह की साधना किया करते हैं। आसन, प्रत्याहार, ध्यान आदि के बल पर जीव को आत्मा से जोड़ने का प्रयास करते हैं। योगासनों के निरंतर प्रयोग द्वारा साधु–संतों तथा महात्माओं के स्वस्थ–सुदर्शन शरीर तथा शांत व्यवहार योग को समाज में प्रतिष्ठित बनाए रखते हैं।

आत्म कल्याण के लिए चार तरह की योग पद्धति हिंदू समाज में प्रचलित है–कर्मयोग, भक्ति योग, ज्ञानयोग एवं राजयोग।

भक्तियोग

ईश्वर के प्रति, उपास्य के प्रति अटूट प्रेम के रास्ते पर चलने वाले को भक्तियोग में संलग्न माना जाता है। प्रहलाद, मीराबाई,

चैतन्य महाप्रभु, तुलसीदास आदि भक्तों की पंक्ति में प्रतिष्ठित माने जाते हैं।

कर्मयोग

कर्म के बल पर आत्मा पर विजय प्राप्त करने को कर्मयोग कहते हैं। इस रास्ते पर चलने वाले लोग स्वयं अपने कर्म के बल पर भगवान की कृपा प्राप्त करने की चेष्टा करते हैं।

अर्जुन को भारत में महान कर्मयोगी मानते हैं, जिसने न्याय की खातिर बंधु-बांधवों का वध कर डाला, परंतु उसे पापी नहीं माना गया।

राजयोग

रजस भाव के उत्कर्ष स्वरूप पूर्ण संतुष्टिपूर्वक जीवन यापन करते हुए आत्मज्ञान सिद्धि में लगे हुए व्यक्तियों को राजयोगी कहते हैं यथा राजा बलि, जनक आदि।

ज्ञानयोग

ध्यान और ज्ञान द्वारा पंच कोशों की स्थिति का अवलोकन एवं उनके छेदन द्वारा आत्मतत्व के उन्मेषण में लीन रहने वालों को ज्ञानयोगी कहते हैं जैसे कि श्री श्री तोतापुरी न्यांगटा बाबा, रामकृष्ण परमहंस, विवेकानंद वगैरह।

हिंदू समाज योगदर्शन के इस सिद्धांत को समग्रता में स्वीकार करता है कि भौतिक शरीर की मृत्यु के बाद भी सूक्ष्म शरीर एवं जीवात्मा का अस्तित्व बना रहता है और किए गए कर्मों के अनुसार जीव का पुनर्जन्म होता है। कर्म संकेत सूचक यंत्र की भांति हैं जिसके अनुसार किए गए प्रत्येक कर्म का

फल आगे के समय में मिलना तय रहता है, इस जन्म में या अगले जन्मों में।

मृत्यु के बाद जीव गमन को योग वसिष्ठ में बड़े ही वैज्ञानिक ढंग से दर्शाया गया है—लीलोपाख्यान नामक कथा में प्रसंग आता है कि राजा विदूरथ संग्राम के बीच घायल होकर शरीर छोड़ देता है और उसका जीव वायु सरीखा–प्रकाश सरीखा अपने गंतव्य को चल पड़ता है। जीव के पीछे–पीछे देवी सरस्वती एवं प्रबुद्ध लीला सूक्ष्म रूप से बढ़ती है। जीव अनेक आकाशों को पार करके अंत में राजा पद्म के महल में पहुंचकर नासिका द्वारा प्रवेश करता है। राजा पद्म का निर्जीव पड़ा शरीर जीवत्व प्राप्त कर जीवित हो उठता है। राजा पद्म उठ बैठते हैं अर्थात् जीव के अंदर अत्यंत सूक्ष्म रूप से (अणु–परमाणु की भाँति) हर तरह का ज्ञान, दुर्गम रास्तों के बीच गंतव्य का पता ठिकाना संचित रहता है।

इस पुरातन कथा को आज की वैज्ञानिकता के सांचे में कसा जाए तो अनेक सत्य स्वयं जाग उठेंगे। यह साफ–साफ समझ में आ जाएगा कि विदूरथ के स्थूल शरीर से अलग होकर उसके अंदर स्थित जीव (सूक्ष्म शरीर) दूसरे लोक में मन की गति की भांति गमन करने की वैज्ञानिकता के बल पर पद्म के निर्जीव पड़े शरीर से दूसरे तक जा पहुंचता है और इसी किस्म की सूक्ष्म यात्रा रानी लीला ने सरस्वती के संग ब्रह्मांड में की थी।

बिना किसी राकेट आदि की सहायता से ब्रह्मांड में विचरण करने की बात कई अनखुली परतों की ओर संकेत करती है। आज की तारीख में जब वैज्ञानिक टाइम मशीन को उपयोग में लाने के प्रयत्न में हैं, फोर्थ डायमेंशन में जाकर भूत–भविष्य देख लेना चाहते हैं, यह पुरातन–कथा अलग किस्म के नए बिम्बों की रचना करती है।

भारतीय शास्त्रों में निहित तथ्य विज्ञान के करीब खड़े होकर हमें चौंका देते हैं।

हिंदुओं के बीच कई एक संस्कार प्रचलित हैं, जो जीवन-भर चलते हैं-जातकर्म, छठी-पूजन, अन्नप्राशन, मुंडन उपनयन, विवाह, मृत्यु आदि इन सभी संस्कारों को श्रद्धापूर्वक निभाए जाने के पीछे मूल भावना देवताओं के आशीर्वाद को प्राप्त करने की रहती है। देवताओं के आशीर्वाद को प्राप्त करने और हवन पूजन के द्वारा देवी-देवताओं को प्रसन्न करने की लालसा लगभग हर व्यक्ति के मन में लगातार बनी रहती है।

बच्चे के जन्म के समय प्राचीन काल में जातकर्म ही वह प्रथम संस्कार था, जो पिता द्वारा संतान के प्रति किया जाता था। अभी के समय में यह बदले हुए रूप में दिख पड़ता है। षष्ठी (छठी) पूजन की प्रथा के अंतर्गत जन्म के छठे दिन विधिवत् छठी माता के पूजन की प्रथा है। इस अवसर पर दीवार पर पूजन के लिए आकृति बनाई जाती है, उसी के सामने बैठकर माता अर्थात् नवजात शिशु की माता शिशु को गोद में लेकर पूजा करती है, बच्चे के लिए मंगलकामना करती है, स्त्रियां गीत-सोहर आदि गाती हैं, रिश्तेदारों मित्रों को सहभोज में निमंत्रित किया जाता है।

षष्ठी पूजन के अवसर पर बिहार प्रदेश में नवजात शिशु को नए पीले कपड़े के टुकड़े में लपेटकर पूजा के खास समय में चावल के ढेर पर उल्टा लेटाकर पीठ पर आटे का जलता दीपक रख दिया जाता है। पूजा की इस विधि को निभाने में नई-नई मां बनी स्त्री का कलेजा मुंह को आ जाता है लेकिन पूजा की यह निराली विधि प्रचलित है।

अलग-अलग समुदायों, वर्णों-जातियों में अलग ढंग से संस्कारों को आकार दिया जाता है। उसमें भी स्त्री के लिए अलग तथा

पुरुषों के लिए अलग नियम-प्रथाएं हैं यथा लड़कों के लिए मुंडन यज्ञोपवीत संस्कार आदि नियत हैं, वहीं लड़कियों के लिए रजोदर्शन पर स्त्रियों का एक जगह मिल-जुटकर बैठना, गीत आदि गाना तथा फूलों से सजे झूले पर कैशोर्यावस्था में प्रविष्ट हुई लड़की को बिठाना, दक्षिण प्रदेश में प्रचलित है।

पुराने समय में यह प्रथा थी कि यज्ञोपवीत, उपनयन के पश्चात् बालक गुरु-गृह में रहकर विद्या अर्जन करता था। आज के समय में होस्टल जाना, विद्या-अर्जन के लिए घर से दूर रहने वाली पुरानी प्रथा की याद दिलाता है।

हिंदुओं में विवाह का बड़ा महत्त्व है और इसे सात जन्मों के पवित्र बंधन की तरह माना जाता है–स्त्री-पुरुष के बीच का अटूट संबंध। एक बार विवाह सूत्र में बंधने के बाद, स्त्री-पुरुष आजीवन एक दूसरे से ही विवाहित माने जाते हैं। यहां के शास्त्रों में कहीं भी विवाह को तोड़ देने का उल्लेख नहीं मिलता है।

विवाह के समय दुहराए जानेवाले मंत्र का भाव कुछ इस प्रकार का होता है, "हम दोनों के हृदय ऐसे मिलकर एक हो जाएं जैसे जल यानि कि हममें कोई भेद न रहे.... मम् हृदयं त्वम्.... त्वम् हृदयं मम्" वैवाहिक रिवाजों के बीच सप्तपदी एक महत्त्वपूर्ण रस्म है। सप्तपदी यानि वर-वधु के द्वारा सात पदों तक एक साथ चलना। प्रज्ज्वलित अग्निकुंड के चारों ओर वर-वधु के दुपट्टे के बीच गांठ बांधकर सात फेरे लेने के बाद ही विवाह को संपन्न माना जाता है।

विवाह के समय पति पत्नी द्वारा दुहराई जाने वाली प्रतिज्ञा का स्वरूप कुछ ऐसा होता है–"मैं तुम्हें अपना हृदय अर्पित करता हूं अथवा करती हूं, हमारा मन सदा एक-दूसरे में लीन होकर रहे।"

विवाह के पश्चात् धार्मिक कृत्यों के समय पत्नी हमेशा पति के बाईं ओर आसन ग्रहण करती है।

समाज में निभाए जाने वाले धार्मिक कृत्य कहीं-न-कहीं पुरातन शास्त्रों, वेदों आदि से जुड़े हुए रहते हैं, हालांकि कर्मकांडों को पूरा करवाने वाले पंडितों एवं पुरोहितों के पास उपलब्ध ज्ञान आज की नई पीढ़ी को पूर्णतः संतुष्ट नहीं कर पाता, लेकिन श्लोकों-मंत्रों का मूल किस शास्त्र से जुड़ा हुआ है, इसकी जानकारी अवश्य उपलब्ध हो जाती है।

श्रुति-स्मृति एवं शास्त्र

हिंदू समाज के बीच फैली पसरी हुई अलग-अलग किस्म की धार्मिक धाराएं हैं, जो पुरातन-काल से लेकर आज तक ऋषियों, मुनियों और विद्वानों के द्वारा तरह-तरह से भारतीय साहित्य में अनेक नामों से संयोजित एवं संकलित की गई हैं, यथा-वेद वेदांग, योगवसिष्ठ, उपनिषद्, अष्टावक्र संहिता, रामायण, महाभारत, अवधूत गीता वगैरह-वगैरह।

वैदिक साहित्य पूरी तरह आशावाद के वर्णन से ओतप्रोत है, निराश करने वाली बातें उनमें नहीं हैं। पृथ्वीलोक एवं देवलोक के बारे में तथा मनुष्यों द्वारा की जाने वाली देवताओं की उपासना से लेकर तमाम कल्याणकारी तत्त्वों के विवेचन से वैदिक साहित्य भरा हुआ है।

चारों वेद विश्व के प्राचीनतम ग्रंथ माने जाते हैं-ऋग्वेद, यजुर्वेद, सामवेद और अथर्ववेद।

वेदों के अंतर्गत देवताओं की उपासना एवं पूजन विधियां, औषधि विज्ञान, आचार संहिताओं के सूत्र वगैरह दिए हुए हैं। वेदों से ही आरण्यक, ब्राह्मण-पुस्तकें, वेदांग एवं उपनिषद् आदि जुड़े हुए माने जाते हैं। ऋग्वेद में इस लोक का वर्णन है, साथ ही इस लोक में जीवन को खूब आनंदपूर्वक कैसे

जिया जाए, इसके बारे में अनेकानेक सूत्र दिए हुए हैं। देवताओं की उपासना के द्वारा दूसरे लोक में भी आनंदपूर्वक कैसे रहा जाए, इसका भी वर्णन इनमें है। सूर्य, इंद्र, वरुण आदि देवताओं की उपासना भारतीय समाज में वैदिक काल से किए जाने की परंपरा है।

वेदांग यानि वेदों के अंग–यज्ञों में वेदों के शुभ गायन एवं पाठ हेतु जो व्यवस्थाएं शास्त्रों में रची गईं, उन्हें **वेदांग** कहा गया। वैदिक काल में मुख्य धार्मिक कृत्य यज्ञ ही था जो वेदों से संबंधित था।

वेदांग के अंतर्गत शिक्षा, छंद शास्त्र, पाणिनीए एवं कल्पसूत्र आते हैं–जिसमें उच्चारण शास्त्र से लेकर भाषा विषयक विज्ञान एवं षोडश संस्कारों का वर्णन तथा राजा-प्रजा के धर्म, नियम एवं वर्णाश्रम विधान आदि का वर्णन आता है।

योगवसिष्ठ भारत में अद्वैतवाद से संबंधित सबसे महत्त्वपूर्ण पुस्तक मानी जाती है, जिसमें तरह-तरह की कहानियों के माध्यम से आत्मतत्त्व की चर्चा की गई है।

उपनिषदों को भारतीय समाज में आत्मा से संबंधित गुह्यज्ञान के वर्णनों से भरा हुआ शास्त्र माना जाता है, जिनकी रचना के मूल में शिष्यों का गुरु के समीप बैठकर गुरुमुख से सुनी गई आत्मतत्त्व की बातें हैं। गुरु के द्वारा कही गईं कथाएं, मंत्र एवं उपासना विधि उपनिषदों में संकलित हैं।

हिंदू शास्त्रों का दायरा बेहद विशाल है। वेद, उपनिषद् के अलावा इतिहास-पुराण, रामायण-महाभारत, गीता आदि हिंदुओं के बीच लोकप्रिय ग्रंथ हैं।

मान्यता है कि इतिहास खंडों के बीच अलग-अलग समय में कई घटनाएं घटीं, कई अवतार हुए। समय-समय पर घटित वे सभी कहानियां लोक समाज के मानस में बनी रहीं और कथाओं के रूप में आगे बढ़ीं। बाद के समय में उन्हें लिपिबद्ध किया गया और वे ही कथाएं काव्य-महाकाव्य का रूप धारणकर युगों की दूरी पार करते हुए समाज के बीच स्थित हो गईं। आज भी रामकथा, महाभारत कथा पर आधारित नाटक आदि गांव-गांव में आयोजित किए जाते हैं।

रामायण- पुरातन भारतीय इतिहास में आदि कवि वाल्मिकी द्वारा वर्णित राम कथा की एक अलग जगह है और सदियों बाद भी युगों पुरानी यह कथा लोकप्रिय है। इस कथा में अयोध्या के राजा दशरथ के पुत्र रामचंद्र का जीवन-चरित वर्णित है। एक ओर राम के कैशोर्य काल की कहानियां हैं दूसरी ओर सीता के जन्म की गाथा। कैशोर्य पार करने के बाद रामचंद्र के राज्याभिषेक के पहले सौतेली मां की जिद पर उन्हें बेहद निरीह मनःस्थिति में पिता वनवास की आज्ञा देते हैं। आदर्श आज्ञाकारी पुत्र की तरह राम, पिता के द्वारा रानी कैकेयी को दिए गए वचन को निभाने के लिए वन चले जाते हैं। राम के संग उनकी पत्नी सीता तथा छोटे भाई लक्ष्मण भी चौदह वर्ष के लिए वनवास रवाना हो जाते हैं। रामायण की कहानी आगे रावण द्वारा सीता हरण, राम-रावण युद्ध, राम के राज्याभिषेक, सीता वनवास एवं जुड़वां पुत्र लव-कुश के बचपन तक जाती है। इस महान कथा का अंत सीता के भूमि में प्रविष्ट होने से होता है। इस दृश्य को आज के समय में

भी जब रामलीला के प्रदर्शन के बीच अभिनीत किया जाता है तो दर्शकों के मन में हाहाकार मच उठता है।

हिंदू समाज राम को विष्णु का अवतार मानता है और सीता चरित को आदर्श नारी का चरित्र कहा जाता है। रामायण हिंदुओं के बीच अति लोकप्रिय कथा है, जिसमें वर्णित रामराज्य को आदर्श राज्यकाल की संज्ञा दी जाती है। मानव सम्बन्धों का जैसा अद्‌भुत ऐतिहासिक वर्णन इस कथा में है, वैसा विश्व में अन्यत्र किसी भी कथा-कहानी में नहीं है।

माना जाता है कि ऐसी पुस्तकें समाज के क्रिया-कलाप को सही दिशा में बनाए रखने की चेष्टा करती हैं, साधारण-सी बातचीत के बीच भी लोगों के मन में कई बार इन पुस्तकों की छाया कौंध उठती है लेकिन गीता, रामायण के अलावा अन्य और भी कई पवित्र पुस्तकें हैं जो हिंदुओं के बीच लोकप्रिय हैं, यथा अठारह पुराण, अष्टावक्र संहिता, अवधूत गीता, विवेक चूड़ामणि, ब्रह्मसूत्र, आदि।

पुराणः अति पुरातन काल की घटनाओं का वर्णन अद्‌भुत कथाओं के रूप में पुराणों में संग्रहित है। अट्ठारह पुराण कहने के साथ ही एक-एक करके कई पुराणों के नाम एक के पीछे एक दीख पड़ते हैं—आदि पुराण, ब्रह्मवैवर्त पुराण, शिव पुराण, मत्स्य पुराण वगैरह-वगैरह।

सभी हिंदू शास्त्रों पर एक साथ समग्रता से नजर डालने पर यह साफ दीख पड़ता है कि सबसे पुराने संदर्भ, योगवसिष्ठ में वर्णित हैं एवं सतयुग, त्रेतायुग, द्वापरयुग आदि के संदर्भों पर से गुजरती हुई पंक्तियां कथा सरित्सागर की कहानियों एवं बुद्ध—चरित

तक जा पहुंचती हैं। ये पवित्र पुस्तकें भारत देश (जम्बू द्वीप पर स्थित) के इतिहास का वर्णन कथाओं कहानियों के बल पर बेहद सिलसिलेवार एवं प्रमाणिक ढंग से करती हैं।

यदि बीते हुए पुरातन काल की गणना करने बैठें तो बीता हुआ सारा समय एक के बाद एक स्थित दीख पड़ता है। ऐसे में चतुर्युग, मन्वन्तर एवं कल्प द्वारा संजोयी हुई समय योजना बहुत ही वैज्ञानिक तर्ज पर स्वयं को आकारित करती हुई प्रतीत होती है। साथ ही पुरातनकालीन वैज्ञानिकता के बल पर अलग-अलग समय-खंड को युग-चतुर्युग के बीच संजोये जाने की प्रक्रिया, मन्वन्तर एवं कल्प की गणना के द्वारा पृथ्वी के उद्भव काल का संकेत हमें सहज ही दे देती है।

युग, चतुर्युगी और कल्प

पुरातन शास्त्रों[1] के आधार पर भारत में दिवस, मास, वर्ष आदि की गणना बहुत ही वैज्ञानिक ढंग से एवं विस्तार से की जाती है। संवत्सर तथा कल्प के संदर्भ में की जाने वाली यह गणना पद्धति अत्यधिक पुरातन है। कल्प यानि कि करोड़ वर्षों का समूह। एक कल्प के अंदर कई मनवन्तर स्थित माने जाते हैं एवं एक मनवन्तर के अंदर कई चतुर्युगी।

यहां पर यह इंगित करना जरूरी है कि चार युगों के समूह को चतुर्युग कहा जाता है एवं सतयुग, त्रेतायुग, द्वापर युग एवं कलियुग चार युगों के नाम हैं। जिस वर्तमान कल्प के खास चतुर्युगी के कलयुग[2] में हम रह रहे हैं, उसकी शुरुआत के समय की गिनती इस प्रकार की जाती है-हिन्दू शास्त्रों के हिसाब से चैत्रशुक्ल प्रतिपदा को जब सब ग्रह मेष राशि के आदि चरणों में थे, उस समय इस कल्प का प्रारंभ हुआ।

काल-गणना की शुरुआत उसी प्रथम सूर्योदय से आरम्भ मानी जाती है।

काल की गणना के लिए पुरातन कालीन तरीका यह था-एक सूर्योदय से दूसरे सूर्योदय काल के समय को अहोरात्र कहा

---

1. **पुराण कालमाधव सिद्धांत शिरोमणि, ज्योतिर्विदामरणादि**
2. **वैवस्वत मन्वन्तर का अष्टाविंशति (अट्ठाइसवां) खंड**

गया। दिन और रात के छः-छः भाग किये गये, जिन्हें लग्न कहा गया।

अर्थात् एक अहोरात्र में बारह (12) लग्न हुए। छः लग्न को "होरा" कहा गया अर्थात् अहोरात्र के बीच का हिस्सा 'होरा' कहलाया। 'होरा' की तरह क्षणवार भी दिवस, लग्न गणना के बीच प्रयुक्त होता है। प्रथम 'होरा' यानि दिवस खंड का स्वामी सूर्य माना गया। फिर ग्रहों की स्थिति के अनुसार दिवसों का नामकरण किया गया-रविवार, सोमवार, मंगलवार, बुधवार, बृहस्पतिवार, शुक्रवार, शनिवार आदि।

ब्रह्माण्ड के मध्य में आकाश है जिसमें सबसे ऊपर नक्षत्र कक्षाएं हैं– शनि, शुक्र, बृहस्पति, बुध, मंगल, चंद्रमा आदि की कक्षाएं।

यह आज का वैज्ञानिक सत्य है कि ऊपर के ग्रहों की कक्षा नीचे के ग्रहों की अपेक्षा क्रमशः बड़ी है और हिन्दू शास्त्र इस तथ्य की बात को गणना के संदर्भ में पुरातनकाल से करते आ रहे हैं।

शास्त्रों में महीना, वर्ष आदि की गणना सूर्य के मार्ग को ध्यान में रखकर की जाती है—सूर्य आकाश में जिस मार्ग से नक्षत्र मंडल से होकर गुजरता है उसके द्वादस समान भाग किये गये एवं व्यावहारिक गणना के लिए मेष, वृष आदि राशियों की अवधारणा की गई।

मेष राशि के प्रथम बिंदु पर सूर्य उदय होता है, तब से लेकर जब वह पुनः उसी बिन्दु पर आ जाता है, उसे हिन्दुओं का एक सौर वर्ष कहा जाता है। गणना करने में हिन्दू शास्त्र बेहद सूक्ष्म गणना करते हैं यथा - वर्ष में 12 राशियां, एक राशि में 30 अंश,

1 अंश में 60 कला, कला में 30 काष्ठा और एक काष्ठा में 18 निमेष तक की गणना की जाती है।

इसमें संदेह नहीं कि ब्रह्माण्ड का सबसे मुख्य नियंत्रक सूर्य ही है और हिन्दूशास्त्र, सूर्य की गति, उसके पथ को ध्यान में रखकर ही गणना करते आए हैं। यही कारण है कि यहां सारी विषमताओं को भी ढंग से सम कर दिया गया है। उदाहरणस्वरूप अतिरिक्त महीना, जो हर बार कुछ साल बाद आता है उसे 'मलमास' कहते हैं और कुछ वर्षों के बीच एक न एक 'मलमास' किसी वर्ष पड़ता ही है। उसको ध्यान में रखते हुए हिन्दू शास्त्र वर्ष-भर में पड़ने वाले महीनों की गिनती एकदम सही करते हैं।

गणना पद्धति पर ठीक से ध्यान देने पर देखा जाता है कि सूर्य-सिद्धांत आदि हिन्दू शास्त्रों के हिसाब से 43, 20, 000 वर्षों का एक चतुर्युगी (महायुग)[3] एवं 1000 युगों का एक कल्प होता है।

प्रत्येक चतुर्युगी में सतयुग, त्रेता, द्वापर और कलियुग चारों होते हैं - सतयुग 17, 28, 000, त्रेता 12, 96, 000, द्वापर 8, 64, 000 और कलियुग 4, 32,000 सौर वर्ष का होता है।

कहा जा सकता है कि कलियुग के जो 4, 32, 000 मनुष्य वर्ष होते हैं, उससे दोगुने द्वापर के वर्ष होते हैं। वर्षों के हिसाब से कलियुग से लगभग तिगुना त्रेतायुग और चौगुना सतयुग होता

---

3. हिन्दू संस्कृति अंक (कल्याण)।

4. सूर्य सिद्धान्त/प्रो. निश्चाफ सृष्टि निर्माण हुए 35 करोड़ वर्ष मानते हैं। सर विलियम रामसन 10 करोड़ वर्ष पूर्व सृष्टि निर्माण को मानते हैं। (सीक्रेट डाक्ट्रिन, भाग 2, प्रो हक्सल 1 अरब वर्षों के सृष्टि निर्माण को मानते हैं (वर्ल्ड लाइफ)।

है। एक कल्प में चौदह मन्वन्तर होते हैं, जिनके वर्ष कुल मिलाकर 4, 29, 40, 80, 000 होते हैं।[4]

आकाशीय घटनाओं, काल को भारतीय शास्त्र अपनी गणना के आधार पर अपने ढंग से बतलाते हैं यथा–वराह मिहिर की बृहत्संहिता में केतु 'पुच्छल ताराओं' का वर्णन आता है–उनके नाम दिखते हैं, शुभकेतु एवं धूमकेतु।

छोटे आकार के देखने में शोभनीय, सीधे एवं श्वेतवर्ण के केतु को शुभकेतु कहते हैं जो थोड़े ही समय में अस्त हो जाता है। रंगीली पूंछों वाले, अशुभ दर्शन वाले अग्निकेतु, तीन पूंछोंवाले ब्रह्मदण्ड केतु, लाल रंग के कौकुम नामक केतु आदि धूमकेतुओं का बृहत्संहिता में वर्णन है।

भारतीय शास्त्र के सूर्य सिद्धांत के हिसाब से एक सौरवर्ष 365 : 258756484 दिनों का माना जाता है, जबकि आधुनिक एस्ट्रनॉमर डब्ल्यू एम. स्माट के अनुसार यह 365 : 2564 दिनों का है। देखा गया है कि भारतवर्ष की मेष संक्रान्ति से वर्षगणना किए जाने पर साठ वर्षों के संवत्सर चक्र का हिसाब ठीक-ठाक मिलता है।

हिन्दू शास्त्रों में अलग-अलग संवत्सरों के अलग-अलग नाम दिये गये हैं - प्रभव, विभव और शुक्ल आदि।

मान्यता है कि सृष्टि के रचयिता ब्रह्मा के एक ब्रह्म दिन के अंतर्गत एक कल्प में 432 मिलियन वर्ष होते हैं।

ब्रह्मा जी का एक दिन और एक रात बीतने पर 864 मिलियन वर्ष बीत जाते हैं। ऐसे तीन दिन और रात बीतने पर ब्रह्मा जी का एक महीना पूरा हो जाता है और 12 महीना बीतने को एक ब्रह्म वर्ष पूरा होना कहते हैं।

ऐसे-ऐसे 100 ब्रह्म वर्ष जब बीत जाते हैं तो एक सृष्टि का समय पूरा हो जाता है और प्रलय के द्वारा सृष्टि भंग हो जाती है।

यह तो सृष्टि के उद्‌भव एवं प्रलय की बात हुई। अब कल्प पर थोड़ा विस्तार में नजर डालते हैं। कल्प के प्रथम मन्वन्तर को स्वयंभू मन्वन्तर कहा जाता है एवं चौदहवें मन्वन्तर को इन्द्र सावर्णि मन्वन्तर।

हिन्दुओं में वर्ष, संवत्सर, कल्प एवं युग आदि को गिनने के लिए कुछ सूत्रों को प्रयोग में लाया जाता है, जिसके द्वारा किस द्वीप, किस देश के किस खंड के अंतर्गत स्थित कौन-सा क्षेत्र है इसका पता मंत्र (सूत्र) के बोलते ही व्यक्ति को हो जाता है साथ ही किस कल्प का कौन-सा चतुर्युग एवं कौन-सा युग चल रहा है, यह भी पता चल जाता है यथा **''ॐ तत्सदद्य ब्रह्माणों द्वितीयपरार्धो श्रीश्वेतावाराहकल्पे जम्बूद्वीपे भरतखण्डे आर्यावर्तक देशान्तर्गते कुमारिकनामक्षेत्रे वैवेस्तवमन्वन्तरे अष्टाविंशतितमे कलियुगे कलिप्रथमचरणे बौद्वावतारे''...**

अर्थात् ''...ब्रह्म के द्वितीय परार्ध का प्रथम कल्प इस वर्तमान के श्री श्वेतवाराह-कल्प के जम्बू द्वीप के भरत खंड के आर्यावर्त देश के अंतर्गत कुमारिक नाम क्षेत्र के वैवस्वत मन्वन्तर के अष्टाविंशति कलियुग के प्रथम चरण में बौद्धवतार हुआ....''

यानि कि जब बौद्ध अवतार पृथ्वी पर आए तो उस समय ब्रह्म के द्वितीय परार्ध के प्रथम कल्प में वैवस्वत मन्वन्तर के कलियुग का प्रथम चरण चल रहा था। इसे एक तरह से शुद्ध गणितीय गणना कहा जा सकता है और इस प्रकार हिन्दू स्वयं की स्थिति

को बीत चुके काल कल्प, संवत्सर एवं मन्वन्तर के संदर्भ में महसूस करने की चेष्टा करते हैं और गणना के आधार पर इसे सही-सही जान भी लेते हैं, साथ ही वे पूर्वजों के समय को भी गणना के आधार पर देख पाते हैं। गणना पद्धति के बीच एक किस्म की आध्यात्मिकता का भाव जाग उठता है।

इसी प्रकार पूजा हवन के समय दिवस, काल-खंड, कल्प आदि के समय संस्कृत सूत्र को इस प्रकार उच्चारित किया जाता है.....''द्वितीय परार्धो वैवस्तव मन्वन्तरे अष्टाविंशति कलियुगे 5090 गताब्दे.... अर्थात्.... यह वैवस्वत मन्वन्तर का अट्ठाइसवां कलि है जिसके 5090 वर्ष गत हो चुके हैं (बीत चुके हैं).....''

गणना की यह अद्भुत विधि किसी भी धार्मिक अनुष्ठान के समय संकल्प के रूप में दुहराई जाती है। 'संकल्प' में कल्प, संवत्, ऋतु, मास, तिथि, दिन तथा नक्षत्रों की स्थिति सभी का उच्चारण करना आवश्यक माना जाता है। हिन्दुओं के बीच न जाने कितने पुरातन काल से समय की गणना को सूक्ष्मता से करने की विधि प्रचलित थीं।

शास्त्रों में भूतकाल, वर्तमान काल के अनेक संवतों के वर्णन हैं साथ ही भविष्य में प्रचलित होने वाले संवतों के भी वर्णन हैं। नीचे कई संवतों की तालिका से भारतीय गणना विधि पर दृष्टि डाली जा सकती है। गणना की यह अद्भुत विधि निश्चय ही सराहनीय है। विश्व के किसी भी समाज के लिए अनजानी यह विधि पूर्ण वैज्ञानिक भी है, क्योंकि इसके द्वारा एकदम सही-सही इन सूत्रों एवं वर्णनों के बल पर भूत और

वर्तमान काल की गणना तो की ही जाती है, भविष्य के वर्षों को भी इंगित किया जाता है।

नीचे दी गई संवतों की तालिका पर नजर डालने से कई सत्य सापेक्षिक रूप से उजागर हो उठते हैं।

भारतीय संवत्			विदेशी संवत्		
क्र.	नाम	वर्तमान वर्ष	क्र.	नाम	वर्तमान वर्ष
1.	कल्पाशब्द	1,96,29,49050	1.	चीनी	9,600,2247
2.	सृष्टि-संवत्	1,95,58,85,050	2.	फारसी	1,89,917
3.	वामन-संवत्	1,9608,89,050	3.	आदम	7,301
4.	श्रीराम-संवत्	1,25,69,050	4.	यहूदी	5,760
5.	श्रीकृष्ण-संवत्	5,175	5.	मूसा	3,653
6.	बौद्ध संवत्	2,524	6.	यूनानी	3,522
7.	महावीर (जैन) संवत्	2,476	7.	रोमन	2.700
8.	विक्रम-संवत्	2,006	8.	मलयकेतु	2,261
9.	शालिवाहन-संवत्	1,871	9.	जावा	1,875
10.	कलचुरी-संवत्	1,601	10.	हिजरी	5,319
11.	बंगला-संवत्	1,356			

ऊपर की तालिका देखने से पता चलता है कि जावा, रोमन, यूनानी, पारसी, चीनी, बंगला, बौद्ध आदि सभी संवतों से ज्यादा पुराना सृष्टि-संवत् कल्पाशब्द है। इन दोनों संवतों के आधार पर मानों द्वापर युग एवं त्रेता तथा सतयुग काल में स्थित वर्षों की झांकी को देखा जा सकता है और इस तरह उन वर्षों, उन काल खंडों की उपस्थिति को महसूस करने के साथ ही राम कृष्ण आदि की कहानियाँ मिथक न रह कर इतिहास में स्थित पूर्वजों की कथाओं का रूप धारण कर लेती हैं।

सच है इतने सारे वर्षों की कल्पना को, चतुर्युगी आदि की संभावना को, उपर्युक्त गणना के आधार पर नकारा नहीं जा सकता है। इस बिन्दु पर पहुंचकर प्रारब्ध, कर्म एवं जीव के

अनेक योनियों में घूमने की बात मन में सही प्रतीत होती है।

हिन्दू मान्यता के अनुसार हर स्थूल शरीर के अंदर सूक्ष्म शरीर निवास करता है जो मन की भांति, प्रकाश की भाँति सूक्ष्मतर है और उसी सूक्ष्म शरीर की उपस्थिति के कारण स्थूल शरीर के कार्य कलाप निर्धारित रहते हैं और मनुष्य जो भी कर्म करता है उसका फल उसे निभाना ही पड़ता है। चाहे इस जन्म या आने वाले अगले जन्मों में!

मान्यता है कि व्यक्ति का जन्म उसके प्रारब्ध कर्मों के अनुसार होता है, उसे किस योनि में जन्म लेना है यह उसके पूर्व कर्म तय करते हैं। कर्मानुसार ही व्यक्ति की गति होती है यानि कि जो व्यक्ति जैसे कर्म करता है उसके अनुसार ही उसे फल की प्राप्ति होती है।

'या मति सा गति भवेत्'... मति एवं गति का यह सिद्धांत पूरे हिन्दू समाज के कार्यकलापों पर प्रतिबिम्ब होता है, पुनर्जन्म के सिद्धांत को पोषित करता है, चौरासी (84) लाख योनियों में जीव के भ्रमण की बात को बल देता है।

दूसरे स्थान पर पुरुषार्थ की उपस्थिति को माना जा सकता है। कहा जाता है कि पुरुषार्थ के बल पर भाग्य को बदला जा सकता है अर्थात् प्रारब्ध की लंबी अवधि को पुरुषार्थ के बल पर न्यूनतम किया जा सकता है। आत्मा को परमात्मा से जोड़कर स्वयं को आत्मा अनुभव करना ही आत्मज्ञान है और यही वह ज्ञान है जिसे समाज में सर्वोच्च ज्ञान माना जाता है। हिन्दू दर्शन के बीच सबसे ऊंचा स्थान मोक्ष को प्राप्त है, मनुष्य के जीवनचक्र में आत्मज्ञानी को सबसे उच्च स्थान पर प्रतिष्ठित माना जाता है। आत्म के साक्षात्कार द्वारा ब्रह्म की उपस्थिति का अनुभव ज्ञानी लोग करते हैं और वे जीवन मुक्त होकर, विदेह मुक्त होकर पृथ्वी पर तयशुदा समय तक रहते हैं।

इतिहास पुराण में कई आत्मज्ञानियों के जीवन-वृत्त पढ़ने को मिलते हैं यथा राजा बलि की कहानी, विदेहराज जनक की कथा, चूड़ाला की कहानी, लीलाकथा, महात्मा तोतापुरी एवं रामकृष्ण की कहानी। ये कहानियाँ और उनसे जुड़े वृतान्त आदि जन्म-चक्र, पुनर्जन्म आदि के तथ्य को बल देते प्रतीत होते हैं।

देवी देवता एवं महा-पुरुष

गायत्री

हिंदू शास्त्रों के अनुसार गायत्री को आद्याशक्ति के रूप में मानते हैं। मान्यता है कि इस संसार में सत्-असत् जो कुछ है वह सब कुछ ब्रह्मस्वरूपा गायत्री ही है। वेद, उपनिषद् एवं पुराण में गायत्री की विस्तृत महिमा का वर्णन मिलता है। गायत्री की उपासना तीनों कालों में की जाती है।

भगवान् व्यास के अनुसार "जिस प्रकार पुष्पों का सार मधु, दुग्ध का सार घृत और रसों का सार पेय है, उसी प्रकार गायत्री मंत्र समस्त वेदों का सार है।"

गायत्री मंत्र यजु, साम, काव्य, मैत्रयणी, तैत्तिरीय अर्थात् सभी वैदिक संहिताओं में एक ही स्वरूप में प्राप्त होता है– 'ओऽम् भूर्भुवः स्वः, तत्सवितुर्वरेण्यं भर्गो देवस्य धीमहि, धियो यो नः प्रचोदयात्।' अर्थात् सृष्टिकर्ता के प्रकाशमान परमात्मा के प्रसिद्ध वरणीय तेज का ध्यान हम करते हैं, वे परमात्मा हमारी बुद्धि को सत् की ओर प्रेरित करें।"

इस गायत्री महामंत्र के द्रष्टा महर्षि विश्वामित्र माने जाते हैं।

देवी सरस्वती

देवी भागवत् में वर्णित कथ्यों के अनुसार सरस्वती देवी का प्रादुर्भाव भगवान श्री कृष्ण की जिह्वा के अग्रभाग से हुआ। सबसे पहले भगवान् श्री कृष्ण ने ही जगत् में सरस्वती देवी की पूजा प्रचारित की। कहा जाता है कि एक समय की बात है ब्रह्मा ने सरस्वती जी से कहा- ''देवी! तुम किसी योग्य पुरुष के मुख में कवित्व होकर निवास करो।''

योग्य पात्र की खोज करते हुए सरस्वती जी महर्षि वाल्मीकि के तमसा नदी तट पर स्थित आश्रम के निकट पहुंचीं। सरस्वती की कृपा से वाल्मीकि ने संसार के प्रथम महाकाव्य का प्रथम श्लोक क्रौंच पक्षी की स्थिति को देखकर उच्चारित किया। समय बीतने पर वाल्मीकि आदि कवि कहलाए और सरस्वती देवी की वंदना, पूजा आदि आज भी बुद्धिनिष्ठ विद्वानों के बीच प्रचलित दिखाई पड़ती है।

लक्ष्मी देवी

लक्ष्मी जी को आद्यशक्ति स्वरूप माना जाता है और इनका आसन कमल है।

कहा जाता है कि क्षीर सागर-मंथन के क्रम में सागर से एक-एक करके कालकूट विष, कामधेनु, उच्चैश्रवा अश्व, ऐरावत हाथी, कौस्तुभ मणि, कल्पवृक्ष, लक्ष्मी, वारुणी, चंद्रमा, शंख, धनुष, धनवंतरि एवं अमृत प्रकट हुए।

कहते हैं कि जब लक्ष्मी जी का आविर्भाव हुआ तो उनके अंगों से अद्‌भुत कांति निकल रही थी एवं वे खिले हुए कमल के आसन पर बैठीं थीं। देवता एवं महर्षि गणों ने वैदिक श्री सूक्तों का पाठ करके लक्ष्मी देवी का स्तवन किया। लक्ष्मी जी श्री विष्णु की पत्नी मानी जाती हैं।

दुर्गा देवी

शिव पुराण के अनुसार श्री दुर्गा के आविर्भाव की कथा इस प्रकार से है- जब दुर्गम नामक महाबली दैत्य ने ब्रह्मा का वरदान पाने के बाद पृथ्वी पर उत्पात मचाया और चारों वेदों को लुप्त कर दिया तो मनुष्यों को त्रस्त देखकर सभी देवता महेश्वरी योगमाया की शरण में गए।

भगवती ने दुर्गमासुर दैत्य से उनकी रक्षा करने का उन्हें आश्वासन दिया। जब दुर्गमासुर को इस रहस्य का पता चला तो उसने आसुरी सेना के द्वारा देवलोक को घेर लिया, लेकिन भगवती ने अपने तेजोमण्डल की चहारदीवारी देवलोक के चारों ओर खड़ी कर दी और दैत्यों की अक्षौहिणी सेना को काट डाला और दुर्गमासुर का वध तीखे त्रिशूल से कर डाला। दुर्गमासुर को मारने के कारण देवी का नाम दुर्गा प्रसिद्ध हुआ।

श्री रामचंद्र (राम)

श्री राम को हिंदू विष्णु का अवतार मानते हैं। अयोध्या के राजा दशरथ ने पुत्र पाने की इच्छा से अपने कुलगुरु महर्षि वसिष्ठ से प्रार्थना की। पुत्र प्राप्ति के लिए यज्ञ करने की आवश्यकता थी, अतः श्री वसिष्ठ जी ने विचार करके श्रृंगी ऋषि को बुलवाया। श्रृंगी ऋषि द्वारा विधिपूर्वक यज्ञ पूरा करवाए जाने पर पूर्णाहुति के समय यज्ञ कुण्ड में से अग्निदेवता मनुष्य-सा रूप धारण करके प्रकट हुए और उन्होंने दशरथ को एक कटोरे में खीर दी।

दशरथ ने वह खीर अपनी तीनों रानियों कौशल्या, कैकेयी एवं सुमित्रा में बांट दी। आधी कटोरी खीर कौशल्या को और चौथाई-चौथाई कैकेयी एवं सुमित्रा को दी गई। ठीक समय पर नवमी के दिन रामचंद्र का जन्म हुआ और राजमहल एवं प्रजा जनों के बीच खुशी छा गई। कैकेयी को भरत एवं सुमित्रा को लक्ष्मण और शत्रुघ्न नाम के पुत्र हुए। चारों राजकुमार एक साथ समान वातावरण में पलने लगे। समय आने पर उन्होंने शिक्षा ग्रहण की। छोटी अवस्था में ही विश्वामित्र मुनि के आश्रम में उनकी तपस्या में विघ्न डालने वाले राक्षसों को राम एवं लक्ष्मण ने वीरतापूर्ण ढंग से मार गिराया। फिर तो ऋषियों के यज्ञ निर्विघ्न रूप से पूरे होने लगे।

मिथिला नरेश की परम सुंदरी राजकुमारी सीताजी के साथ श्री राम का विवाह स्वयंवर के दौरान शिव धनुष तोड़ने के बाद हुआ।

राजा दशरथ ने समय आने पर जब राम के राज्याभिषेक की घोषणा की तो माता कैकेयी को दशरथ द्वारा दिए गए वर के कारण राम को वनवास जाने की आज्ञा मिली। सीता एवं लक्ष्मण भी राम के संग वनवास के लिए गए। भारत में आज भी रामचंद्र-सीता के वनवास से संबंधित अवशेष दिखाई पड़ते हैं एवं अनगिनत किंवदंतियां सुनने को मिलती हैं। उन 14 वर्षों में तरह-तरह के अनुभवों से राम-सीता एवं लक्ष्मण गुजरे। वे लोग कई ऋषियों के आश्रम में गए, सती अनसूया के दर्शन किए, शबरी के बेर खाए। वनवास के समय में राक्षस रावण, सीता का अपहरण कर के उन्हें लंका ले गया। रावण को यह दंभ था कि वह अजेय है एवं किसी भी स्त्री को पा सकता है।

सीता के वियोग में श्रीराम बहुत रोए, कलपे। फिर उन्होंने हर प्रकार से सीता को खोजने का प्रयत्न किया। अंत में हनुमान द्वारा लंका की अशोक वाटिका में सीता के होने का पता पाकर श्री राम ने नल, अंगद एवं अन्य वानरों की सहायता से रामेश्वरम् के धनुषकोटी से लंका तक पुल बनवाया और सेना लेकर लंका जा पहुंचे। रावण से घमासान युद्ध के बाद वे उसे मारकर लक्ष्मण, सीता एवं हनुमान सहित वापस अयोध्या लौट आए और तब उनका राज्याभिषेक हुआ।

श्री रामचंद्र के रामराज्य में कोई भी दुखी या उदास नहीं होता था- ऐसी किंवदंती कही सुनी जाती है। उन्होंने आजीवन एक प्रतापी राजा का धर्म निभाया। अटल राजधर्म निभाने के क्रम में राजा रामचंद्र को प्रियतमा पतिव्रता पत्नी सीता को गर्भावस्था में वन में भेजना पड़ा। वन में वाल्मीकि ऋषि ने सीता को अपने आश्रम में रखा और वहीं लव-कुश का जन्म हुआ एवं वे वहीं

पले-बढ़े। समय बीतने पर राजा रामचंद्र के द्वारा छोड़े गए अश्वमेध यज्ञ के घोड़े को वीर लव-कुश ने रोक लिया। तब राम का अपने पुत्रों से सामना हुआ और लव-कुश को उनके पिता राजा राम मिल गए।

कथा है कि जब उतने वर्षों बाद राम ने सीता को देखा तो वे मिलने की उत्कंठा लिए उनके पीछे जाने लगे, लेकिन सीताजी के मन में शायद अपार क्षोभ था और उन्होंने पृथ्वी माता से प्रार्थना की ताकि वे उन्हें अपने आगोश में ले लें। कहते हैं कि धरती फट गई और सीता उसमें समा गई। वर्षों बाद भगवान् राम भी अपने लोक साकेत चले गए।

आज भी 'रामलीला' के नाम से यह पूरी कथा भारत में नाटक रूप में गांव-गांव में मंचित की जाती है और लोक-मानस इसमें निहित तथ्यों को भुलाना नहीं चाहता। राम-कथा को सर्वप्रथम वाल्मिकी ऋषि ने लिखा। बाद में तुलसीदास ने इसे जनभाषा में लिखा। तुलसीकृत रामायण अपनी सरल भाषा के कारण सर्वप्रिय है।

श्री कृष्ण

भारतीयों के बीच श्री कृष्ण को भगवान का अवतार माना जाता है। कृष्ण का जन्म वासुदेव एवं देवकी के पुत्र के रूप में राम के बाद के युग में हुआ। निष्ठुर एवं निर्मम कंस, देवकी का भाई एवं कृष्ण का मामा था। उसने भविष्यवाणी द्वारा सुना कि देवकी पुत्र के द्वारा उसका अंत होना निश्चित है। निवारण स्वरूप उसने देवकी एवं वासुदेव को कैदखाने में डाल दिया और जब भी देवकी के संतान होती, कंस उसे मार डालता। इसी तरह कंस ने देवकी-वासुदेव की सात संतानों का वध किया, लेकिन जब कृष्ण का जन्म हुआ तो दैवी कृपा के बल पर वासुदेव उन्हें नंद और यशोदा के घर पहुंचा आए। कृष्ण यशोदा पुत्र बनकर बड़े ही लाड़-प्यार में बड़े हुए।

कृष्ण ने बचपन में ही कई अलौकिक घटनाओं को जन्म दिया यथा-पूतना राक्षसी का वध, कालनेमि सर्प का अंत एवं गोवर्धन पर्वत को हाथों में उठा कर ग्रामवासियों की रक्षा। कृष्ण ने अपने पूरे जीवन में तरह-तरह की लीलाएं दिखाईं। कंस का वध उनके हाथों हुआ।

कृष्ण से जुड़ी हुईं उस पूरे युग की कथाएं अभी भी जनमानस में सुरक्षित हैं, खासकर द्वारका, मथुरा एवं ब्रज में।

महाभारत के युद्ध में श्रीकृष्ण स्वयं महाबली अर्जुन के सारथी बने और युद्ध क्षेत्र में श्रीमद् भगवत् गीता सुनाई, जो आज भी हिन्दुत्व से संबंधित पवित्र पुस्तक मानी जाती है।

देवर्षि नारद

देवर्षि नारद के बारे में कहा जाता है कि वे इस सृष्टि के आरंभ के समय में ब्रह्माजी के मानसपुत्र के रूप में उत्पन्न हुए। नारद को भगवान विष्णु का प्रधान भक्त कहा जाता है और उन्हें हमेशा वीणा हाथ में लिए हुए भक्तिपूर्वक 'नारायण-नारायण' कहते हुए चित्रित किया जाता है। नारद को भक्तिमार्ग का आचार्य कहा जाता है।

उनके संबंध में कथा भी प्रचलित है कि इस सृष्टि के पहले की सृष्टि में नारद जी गंधर्व थे। देवलोक में सभा के बीच कीर्तन हो रहा था, वहां नारद जी हंसी-ठिठोली कर रहे थे।

उन्हें विनोद करते देखकर ब्रह्माजी को बुरा लगा और उन्होंने नारद को शाप दिया–"तुम अपने से बड़ों के सामने शिष्टता एवं संयम से न रहकर शूद्रों की भांति ठिठोली कर रहे हो, अतः तुम शूद्र होकर संसार में जन्म लो।"

नारद जी का जन्म एक शूद्र के घर में हुआ। बचपन में ही उनके पिता का देहांत हो गया। बाद में उनकी माता भी चल बसीं। नारद जी छोटी अवस्था से ही साधु-संतों की सेवा करते थे। भगवान का गुण सुनते रहने के कारण उनका हृदय पवित्र हो गया

था और साधुओं ने उनके सेवा भाव से प्रसन्न होकर उन्हें भगवान का नाम जप करने के लिए कहा और ध्यान करने का उपदेश दिया।

बहुत छोटी अवस्था में ही उन्हें अपने हृदय में भगवान के दर्शन हो गए। भगवान के आशीर्वाद से वे अगली सृष्टि में ब्रह्मा जी के मानसपुत्र के रूप में उत्पन्न हुए एवं सभी भक्तों में अग्रणी माने गए।

महर्षि याज्ञवल्क्य

महर्षि याज्ञवल्क्य ने महर्षि वैशम्पायन के आश्रम में वेदों का अध्ययन किया था। वे जन्म से ही योगी थे। याज्ञवल्क्य जी ने तपस्या एवं स्तुति द्वारा सूर्यनारायण को प्रसन्न किया था एवं उनसे यजुर्वेद का ज्ञान प्राप्त किया था। सूर्य से प्राप्त उस यजुर्वेद को 'शुक्ल यजुर्वेद' कहा जाता है। अध्ययन आदि समाप्त होने के बाद याज्ञवल्क्यजी मिथिला के निकट आश्रम बनाकर रहने लगे। महाराज जनक के मन में याज्ञवल्क्य के प्रति अगाध सम्मान था।

याज्ञवल्क्य से संबंधित एक प्रसिद्ध कथा इस प्रकार है—एक बार महाराज जनक के यहां विद्वानों एवं ऋषियों की सभा बुलाई गई थी। जनक ने दान देने की इच्छा से एक हजार गायों के दोनों सींगों पर सोने के सिक्के बंधवा दिए थे। उन्होंने सभी के सामने घोषणा की—"जो सबसे बड़ा विद्वान एवं ब्रह्मवेत्ता हो, वह सभी गायों को धन सहित ले जाए।"

यह घोषणा सभी ने सुनी, लेकिन किसी के भी अंदर गायों को ले जाने का साहस नहीं हुआ। याज्ञवल्क्य जी (जो परम विद्वान एवं ब्रह्मवेत्ता थे) ने अपने शिष्यों को गायों को हांक ले जाने की आज्ञा दी। यह सुनकर सभा में उपस्थित लोगों में

खलबली मच गई, उनमें से कुछ विद्वानों ने उनसे पूछा- "क्या आप अपने को सबसे बड़ा ब्रह्म ज्ञानी मानते हैं?"

याज्ञवल्क्य ने ब्रह्मज्ञानी होने के शिष्टाचार के अन्तर्गत अत्यंत बुद्धिमत्तापूर्ण उत्तर दिया–"ब्रह्मज्ञानियों को तो मैं नमस्कार करता हूं। मुझे तो गायों की इच्छा है।"

इसके बाद कई विद्वानों ने याज्ञवल्क्य से शास्त्रार्थ किया–गार्गी, शांडिल्य आदि ने, लेकिन उन्हें कोई भी हरा नहीं पाया। वे वास्तव में आत्मतत्व के महान ज्ञाता थे। उन्होंने 'अक्षर ब्रह्म' के द्वारा ब्रह्म का अद्‌भुत निरुपण गार्गी के समक्ष किया था।

महर्षि वसिष्ठ

महर्षि वसिष्ठ के बारे में कथा है कि मित्रवरुण के यज्ञ में वसिष्ठ जी का जन्म अगस्त्य जी के साथ ही हुआ था। ब्रह्मा जी की आज्ञा के कारण उन्होंने सूर्यवंश का पुरोहित बनना स्वीकार किया।

बाद में निमि महाराज से विवाद होने पर दोनों ने एक दूसरे को देह त्याग का शाप दे दिया, लेकिन देह त्याग के बाद वसिष्ठ जी ने फिर से ब्रह्माजी के मानसपुत्र के रूप में जन्म लिया।

वसिष्ठ जी ने क्रोध का परित्याग कर दिया था अत: विश्वामित्र के द्वारा सौ पुत्रों के मारे जाने पर भी उन्होंने क्रोध नहीं किया। वशिष्ठ जी झूठ नहीं बोलते थे। अत: जब तक विश्वामित्र ने क्रोध का त्याग नहीं किया, वसिष्ठ ने उन्हें ब्रह्मर्षि के पद पर स्थित नहीं माना।

परशुराम जी के क्रोध से रघुवंश की रक्षा वसिष्ठ जी ने ही की थी। श्रीराम के गुरु पद पर आसीन होकर उन्होंने आत्मतत्व की जो शिक्षा दी थी वह योगवसिष्ठ नामक धर्म ग्रंथ में संकलित माना जाता है।

वसिष्ठ जी के पुत्र शक्ति हुए, शक्ति के पराशर और पराशर के पुत्र व्यास जी हुए, जिन्होंने महाभारत महाकाव्य की रचना की।

सती अनसूया

भारतीय शास्त्रों के बीच महर्षि अत्रि की पत्नी का नाम पतिव्रता स्त्रियों के बीच प्रथम नाम की तरह स्थित माना जाता है। उनके संदर्भ में यह कथा है कि एक बार ब्रह्मा, विष्णु एवं महेश तीनों मुनिवेश में महर्षि अत्रि के आश्रम पर पहुंचे। त्रिदेवों को सती अनसूया की परीक्षा लेनी थी क्योंकि उनकी पत्नियों ने नारद के उकसाने पर उन्हें अनसूया की परीक्षा लेने के लिए बाध्य कर दिया था कि समस्त लोकों के बीच अनसूया के सतीत्व की तुलना नहीं की जा सकती।

इसी क्रम में ब्रह्मा, विष्णु और महेश, महर्षि अत्रि के आश्रम पर पहुंचे। उस समय अत्रि अपने आश्रम से कहीं बाहर गए हुए थे। अतिथि के रूप में आए त्रिदेवों का सती अनसूया ने स्वागत किया, लेकिन मुनिवेश धारी त्रिदेवों ने कुछ भी ग्रहण नहीं किया।

सती अनसूया ने कारण पूछा तो मुनियों ने उनकी परीक्षा लेने हेतु कहा, "यदि आप बिना वस्त्र के हमारा आतिथ्य करें तो हम भिक्षा ग्रहण करेंगे।" यह सुनकर अनसूया ने ध्यान लगाकर देखा तो पाया कि स्वयं भगवान उनकी परीक्षा लेने आए हैं। उन्होंने कहा–"ठीक है। मैं निवस्त्र होकर आप लोगों का आतिथ्य करूंगी। यदि मैं सच्ची पतिव्रता हूं और कभी भी पर पुरुष पर दृष्टि नहीं डाली है तो आप तीनों छः-छः माह के बच्चे बन जाएं।"

पतिव्रता के तप के प्रभाव से तीनों देव छः-छः महीने के बच्चे बन गए। अनसूया ने माता की तरह उनकी देखभाल की और वे अनसूया के वात्सल्य तले पलने लगे।

इधर तीनों देवियों ने जब पतियों की खोज की तो उन्हें नारद के द्वारा पता चला कि त्रिदेव तो अनसूया माता के आश्रम में बालक बनकर खेल रहे हैं। वे तीनों सती अनसूया के पास पहुंचीं और उनसे अपने पतियों को वापस उनके स्वरूप में लौटा देने की अनुनय की।

देवियों के द्वारा क्षमा याचना करने पर देवी अनसूया ने बच्चों पर जल छिड़क कर उन्हें पूर्व रूप प्रदान किया और इस प्रकार न जाने कब से सती अनसूया जगत् में पूजनीया मानी जाती हैं।

सती सावित्री

प्राचीनकाल में अश्वपति नामक राजा थे। संतान नहीं होने के कारण उन्होंने अठारह वर्षों तक सावित्री देवी की कठोर तपस्या की। देवी के वरदान स्वरूप उन्हें एक तेजस्विनी कन्या की प्राप्ति हुई और इस तरह उनकी रानी ने यथासमय एक सुंदर कन्या को जन्म दिया। राजा ने उस कन्या का नाम सावित्री रखा। युवावस्था में प्रवेश करने पर राजा ने उसके लिए योग्य वर की तलाश की। कोई उपयुक्त वर नहीं दिखने पर उन्होंने पुत्री से स्वयं अपने योग्य वर की खोज करने के लिए कहा।

राजकुमारी सावित्री ब्राह्मणों, मंत्रियों एवं दास-दासियों के साथ अनेक नगरों, वनों, तपोवनों में गई। कुछ समय पश्चात् सावित्री ने तपोवन में अपने माता-पिता के साथ निवास कर रहे सत्यवान को देखा। पिता द्युमत्सेन एवं माता के साथ रहकर उनकी देखभाल करने वाले सत्यवान के बारे में सावित्री ने अपने पिता को बताया कि उसने सत्यवान को ही मन से पति रूप में चुन लिया है। अश्वपति को देवर्षि नारद ने बताया कि सत्यवान की आयु मात्र एक वर्ष शेष है, फिर भी सावित्री ने उसे ही पति मान लिया था। अतः दोनों का विवाह हो गया।

एक वर्ष पूरा होने में चार दिन बचे तो सावित्री ने निराहार व्रत रखना शुरू किया। चौथे दिन भी प्रतिदिन की तरह सावित्री,

सत्यवान के साथ जंगल गई और जब यमराज सत्यवान के शरीर से जीव को ले जाने लगे तो सावित्री उनके पीछे-पीछे चल पड़ी। यमराज ने सावित्री की निष्ठा, तप एवं लगन देखकर उनसे वर मांगने को कहा। एक-एक करके सावित्री ने सास-ससुर के लिए राज्य प्राप्ति, पिता को पुत्र-प्राप्ति का वर मांग लिया और अंत में स्वयं के लिए संतानवती होने का वर मांग लिया। यमराज ने आशीर्वाद सहित उसके पति की जान वापिस करके सत्यवान को जीवनदान दे दिया।

सावित्री पतिव्रत्य धर्म का उच्चतम आदर्श मानी जाती हैं।

स्त्रोत एवं मंत्र

परब्रह्मम-स्त्रोत

प्रातः स्मरामि हृदि संस्फुरदात्मतत्वं
    सच्चित्सुखं परमहंसगतिं तुरीयम्।
यत्स्वप्नजागरसुषुप्तिमवैति नित्यं
    तद्ब्रह्म निष्कलमहं न च भूतसंघ ।। 1।।
प्रातर्भजामि मनसा वचसामगम्यं
    वाचो विभान्ति निखिला यदनुग्रहेण।
यन्नेतिनेतिवचनैर्निगमा अवोचु-
    स्तं देवदेवमजमच्युतमाहुरग्रयम् ।। 2।।
प्रातर्नमामि तमसः परमर्कवर्णं
    पूर्णं सनातनपदं पुरुषोत्तमाख्यम्।
यस्मिन्निदं जगदशेषम्शेषमूर्तौ।
    रज्ज्वां भुजंगम इव प्रतिभासितं वै ।। 3।।
श्लोकत्रयमिदं पुण्यं लोकत्रय विभूषणम्।
प्रातःकाले पठेद्यस्तु स गच्छेत परमं पदम् ।। 4।।

शिवमानसपूजा

रत्नैः कल्पितमासनं हिमजलैः स्नानं च दिव्याम्बरं
नानारत्नविभूषितं मृगमदामोदंकित चन्दनम्।
जातीचम्पकबिल्वपत्ररचितं पुष्पं च धूपं तथा
दीपं देव दयानिधे पशुपते हृत्कल्पितं गृह्यताम् ।। 1।।
सावर्णे मणिखण्डरचिते पात्रे घृतं पायसं
भक्ष्यं पञ्चविधं पयोद्धियुतं रम्भाफलं पानकम्।
शाकानामयुतं जलं रूचिकरं कर्पूरखण्डोज्ज्वलं
ताम्बूलं मनसा मया विरचितं भक्त्या प्रभो स्वीकुरू ।। 2।।
छत्रं चामरयोर्युगं व्यजनकं चादर्शक निर्मलं
वीणाभेरिमृद्ंगकाहलकलागीतं च नृत्यं तथा।
साष्टांग प्रणतिः स्तुतिर्बहुविधा ह्येतत् समस्तं मया
संकल्पेन समर्पितं तव विभो पूजां गृहाण प्रभो ।। 3।।
आत्मा त्वं गिरिजा मतिः सहचराः प्राणाः शरीरं गृहं
पूजा ते विषयोपभोगरचना निद्रा समाधिस्थितिः।
सञ्चारः पदयोः प्रदक्षिणविधिः स्तोत्राणि सर्वा गिरो
यद्यत्कर्म करोमि तत्तदखिलं शम्भो तवाराधनम् ।। 4।।

श्रीरूद्राष्टकम्

नमामीशमीशान निर्वाणरूपं
विंभु व्यापकं ब्रह्म वेदस्वरूपं।
अजं निर्गुणं निर्विकल्पं निरीहं
चिदाकाशमाककाशवासं भजेऽहं ।। 1।।
निराकारमोरमूलं तुरीयं
गिराग्यानगोतीतमीशं गिरीशं।
करालं महाकालकालं कृपालं
गुणागारसंसारपार नतोऽहं ।। 2।।
तुषाराद्रिसंकाशगौरं गभीरं
मनोभूतकोटिप्रभाश्रीशरीरं।
स्फुरन्मौलिकल्लोलिनीचारूगंगा
लसद्भालबालेन्दु कंठे भुजंगा।। 3।।
चलत्कुंडलं भ्रूसुनेत्रं विशालं
प्रसन्नानम् नीलकंठं दयालं।
मृगाधीशचर्माम्बरं मुंडमालं
प्रियं शंकरं सर्वनाथं भजामि।। 4।।
प्रचंडं प्रकृष्टं प्रगल्भं परेशं
अखंडं अजं भानुकोटिप्रकाशं।
त्रयीशूलनिर्मूलनं शूलपाणिं

भजेऽहं भवानीपतिं भावगम्यं ॥ 5॥

कलातीतकल्याणकल्पान्तकारी
सदा सज्जनानन्ददाता पुरारी।
चिदानंदसंदोहमोहापहारी
प्रसीद-प्रसीद प्रभो मन्मथारिः ॥ 6॥

न यावद् उमानाथपादारविन्दं
भजंतीह लोके परे वा नराणाम्।
न तावत्सुखं शान्तिसन्तापनाश
प्रसीद-प्रसीद प्रभो सर्वभूताधिवासं ॥ 7॥

न जानामि योगं जपं नैव पूजां
नतोऽहं सदा सर्वदा देव तुभ्यं।
जराजन्मदुःखौधतातप्यमानं
प्रभो पाहि शापान्नमामीश शंभो ॥ 8॥

रूद्राष्टकमिदं प्रोक्तं विप्रेण हरतोषये।
ये पठन्ति नरा भक्त्या तेषां शम्भुः प्रसीदति ॥ 9॥

सौराष्ट्रे सोमनाथ च श्रीशैले मल्लिकार्जुनम्।
उज्ज्यिन्यां महाकालमो आरंममलेश्ररम् ॥ 1॥
परल्यां वैद्यनाथं च डाकिन्यां भीमशंकरम्
सेतुबन्धो तु रामेशं नागेशं दारूकावने ॥ 2॥
वाराणस्यां तु विश्रषं त्र्यम्बकं गौतमीतटे।
हिमालये तू केदारं घुशमेषं च शिवालये ॥ 3॥
एतानि ज्योतिर्लिनि सायं प्रातः पठेकरः।
सप्तजन्मकृतं पापं स्मरणे विनष्यति ॥ 4॥

शिवताण्डवस्तोत्रम्

जटाटवीगलंज्जलप्रवाहपावितस्थले
    गलेवलम्ब्य लम्बितां भुजंगतुंगमालिकाम्।
डमडमडमडम:निनादवडमर्वयं
    चकार चण्डताण्डवं तनोतु नः शिवः शिवम्।। 1।।
जंटाकटाहसम्भ्रमभ्रूनिलिम्पनिर्झरी –
    विलोलवीचिवल्लरीविराजमानमूर्धनि।
धग्द्धगद्धगज्ज्वल्ललललाटपट्टपावके
    किशोरचन्द्रशेखरे रतिः प्रतिक्षणं मम ।। 2।।
धराधरेन्द्रनन्दिनीविलासबन्धुबन्धुर–
स्फुरद्दिगन्तसन्ततिप्रमोदमानमानसे।
कृपाकटाक्षधोरणीरुद्धदुर्धरापदि
    क्वचिद्दिगम्बरे मनो विनोदमेतु वस्तुनि ।। 3।।
जटाभुजंगपिंगलस्फुरत्फणामणिप्रभा–
कदम्बकुंगमद्रवप्रलिप्तदिग्वधूमुखे
    मदान्धासिन्धुरस्फुरत्तवगुत्तरीयमेदुरे
मनो विनोदमद्भुतं बिर्भतु भूतभर्तरि ।। 4।।
सहरस्रलोललोचनप्रभृत्यशेषलेखशेखर–
    प्रसूनधूलिधोरणींविधसराङ्घ्रिपीठभूः।
भुजंगराजमालया निबद्धजाटजूटकः
    श्रियै चिराय जायतां चकोरबन्धुशेखरः ।। 5।।

ललाटचत्वरज्वलद्धनञ्जयस्फुलिऽगभा–
निपीतपञ्चसायकं नमन्निलिम्पनायकम्।
सुधामयूखलेखया विराजमानशेखरं
महाकपालि सम्पदे शिरो जटालमस्तु नः ।। 6।।
करालभालपट्टिकाधगद्धगद्धगज्ज्वल–
द्धनञ्जयाहुतीकृतप्रचण्डपसायके
धराधरेन्द्रनन्दिनीकुचाग्रचित्रपत्रक–
प्रकल्पनैकशिल्पिनि त्रिलोचने रतिर्मम ।। 7।।
नवीनमेघमण्डलीनिरुद्धदुर्धरस्फुर–
त्कुहूनिशीथिनीतमः प्रबन्धद्धकन्धरः।
निलिम्पनिर्झरीधरस्तनोतु कृत्तिसिन्धुरः।
कलानिधानबन्धुरः श्रियं जगद्धुरन्धरः ।। 8।।
प्रफुल्लनीलपंकजप्रकालिमप्रभा–
बलम्बिकण्ठकन्दलीरुचिप्रबद्धकन्धरम्।
स्मरच्छिदं पुरच्छिदं भवच्छिदं मखच्छिदं
गजच्छिदान्धकच्छिदं तमन्तकच्छिदं भजे ।। 9।।
अखर्वसर्वमंगलाकलाकद्म्बमञ्जरी–
रसप्रवाहमाधुरीविजृम्भणामधुव्रतम् ।
स्मरान्तकम् पुरान्तकं भवान्तकं मखान्तकं
गजान्तकान्धकान्तकं तमन्तकान्तकं भजे।। 10।।
जयत्वदभ्रविभ्रमभ्रमद्भुजंगमश्वस
द्विनिर्गमत्क्रमस्फुरत्करालभालहव्यवाट्।
धिमिद्धिमिद्धिमिद्ध्वनन्मृदंगतुंगमंगल–
ध्वनिक्रमप्रवर्तितप्रचण्डताण्डवः शिवः ।। 11।।
दृषद्विचित्रतल्पयोर्भुजंगमौक्तिकस्त्रजो
गर्रिष्ठरत्नलोष्ठयोः सुहृद्विपक्षपयोः

तृणारविन्दचक्षुषोः प्रजामहीमहेन्द्रयोः
समप्रवृत्तिकः कदा सदाशिवं भजाम्यहम् ॥ 12॥
कदा निलिम्पनिर्झरीनिकुञ्जकोटरे वसन्
विमुक्तदुर्मतिः सदा शिरःस्थमञ्जलिं वहन्।
विलोललोललोचनो ललामभाललग्नकः
शिवेति मन्त्रमुच्चरन् कदा सुखी भवाम्यहम् ॥ 13॥
इमं हि नित्यमेवमुक्तमुत्तमोत्तमं स्तवं
पठन् स्मरन ब्रुवन्नरो विशुद्धिमेति सन्ततम्।
हरे गुरौ सुभक्तिमाशु याति नान्यथा गतिं
विमोहनं हि देहिनां सुशंकरस्य चिन्तनम् ॥ 14॥
पूजावसानसमये दशवक्त्रगीतं
यः शम्भुपूजनपरं पठतिं प्रदोषे।
तस्य स्थिरां रथगजेन्द्रतुरंगयुक्तां
लक्ष्मीं सदैव सुमुखीं प्रददाति शम्भुः ॥ 15॥

देवीस्तुतिः

ॐ घण्टाशूलहलानि शंऽगखमुसले चक्रं धानुः सायकं
हस्ताब्जैर्दधातीं घनान्तविलसच्छीतांशुतुल्यप्रभाम्।
गौरीदेहसम्मुखवां त्रिजगतामाधारभूतां महा–
पूर्वामत्र सरस्वतीमनुभजे शुम्भादिदैत्यार्दिनीम्।।
नमो देव्य महादेव्यै शिवाये सततं नमः।
नमः प्रकृत्यै भद्रायै नियताः प्रणताः स्म ताम् ।। 1।।
रौद्रायै नमो नित्यायै गौर्यै धात्र्यै नमो नमः।
ज्योत्स्नायै चेन्दुरूपिण्यै सुखायै सततं नमः ।। 2।।
कल्याण्यै प्रणतां वृद्धयै सिद्धयै कुर्मो नमो नमः
नैर्ऋत्यै भूभृतां लक्ष्म्यै शर्वाण्यै ते नमो नमः।। 3।।
दुर्गायै दुर्गपारायै सारायै सर्वकारिण्यै।
ख्यात्यै तथैव कृष्णायै धूम्रायै सततं नमः ।। 4।।
अतिसौम्यातिरौद्रायै नतास्तस्यै नमो नमः।
नमो जगत्प्रतिष्ठायै देव्यै कृत्यै नमो नमः ।। 5।।
या देवी सर्वभूतेषु विष्णुमायेति शब्दिता।
नमस्तस्यै नमस्तस्यै नमस्तस्यै नमो नमः ।। 6।।
या देवी सर्वभूतेषु चेतनेत्यभिधीयते।
नमस्तस्यै नमस्तस्यै नमस्तस्यै नमो नमः ।। 7।।
या देवी सर्वभूतेष बुद्धिरूपेण संस्थिता।
नमस्तस्यै नमस्तस्यै नमस्तस्यै नमो नमः ।। 8।।

या देवी सर्वभूतेषु निद्रारूपेण संस्थिता।।
नमस्तस्यै नमस्तस्यै नमस्तस्यै नमो नमः ।। 9।।
या देवी सर्वभूतेषु क्षुधारूपेण संस्थिता।
नमस्तस्यै नमस्तस्यै नमस्तस्यै नमो नमः।। 10।।
या देवी सर्वभूतेषुच्छायारूपेण संस्थिता।
नमस्तस्यै नमस्तस्यै नमस्तस्यै नमो नमः।। 11।।
या देवी सर्वभूतेषु शक्तिरूपेण संस्थिता।
नमस्तस्यै नमस्तस्यै नमस्तस्यै नमो नमः।। 12।।
या देवी सर्वभूतेषु तृष्णारूपेण संस्थिता।
नमस्तस्यै नमस्तस्यै नमस्तस्यै नमो नमः।। 13।।
या देवी सर्वभूतेषु क्षान्तिरूपेण संस्थिता।
नमस्तस्यै नमस्तस्यै नमस्तस्यै नमो नमः।। 14।।
या देवी सर्वभूतेषु जातिरूपेण संस्थिता।
नमस्तस्यै नमस्तस्यै नमस्तस्यै नमो नमः।। 15।।
या देवी सर्वभूतेषु लज्जारूपेण संस्थिता।
नमस्तस्यै नमस्तस्यै नमस्तस्यै नमो नमः।। 16।।
या देवी सर्वभूतेषु शान्तिरूपेण संस्थिता।
नमस्तस्यै नमस्तस्यै नमस्तस्यै नमो नमः ।। 17।।
या देवी सर्वभूतेषु श्रद्धारूपेण संस्थिता।
नमस्तस्यै नमस्तस्यै नमस्तस्यै नमो नमः।। 18।।
या देवी सर्वभूतेषु कान्तिरूपेण संस्थिता।
नमस्तस्यै नमस्तस्यै नमस्तस्यै नमो नमः।। 19।।
या देवी सर्वभूतेषु लक्ष्मीरूपेण संस्थिता।
नमस्तस्यै नमस्तस्यै नमस्तस्यै नमो नमः।। 20।।
या देवी सर्वभूतेषु वृत्तिरूपेण संस्थिता।
नमस्तस्यै नमस्तस्यै नमस्तस्यै नमो नमः।। 21।।
या देवी सर्वभूतेषु स्मृतिरूपेण संस्थिता।

नमस्तस्यै नमस्तस्यै नमस्तस्यै नमो नमः।। 22।।
या देवी सर्वभूतेषु दयारूपेण संस्थिता।
नमस्तस्यै नमस्तस्यै नमस्तस्यै नमो नमः।। 23।।
या देवी सर्वभूतेषु तुष्टिरूपेण संस्थिता।
नमस्तस्यै नमस्तस्यै नमस्तस्यै नमो नमः।। 24।।
या देवी सर्वभूतेषु मातृरूपेण संस्थिता।
नमस्तस्यै नमस्तस्यै नमस्तस्यै नमो नमः।। 25।।
या देवी सर्वभूतेषु भ्रान्तिरूपेण संस्थिता।
नमस्तस्यै नमस्तस्यै नमस्तस्यै नमो नमः।। 26।।
इन्द्रियाणामधिष्ठात्री भूतानां चाखिलेषु या।
भूतेषु सततं तस्यै व्याप्तिदेव्यै नमो नमः।। 27।।
चितिरूपेण या कृत्स्नमेतद् व्याप्य स्थिता जगत्।
नमस्तस्यै नमस्तस्यै नमस्तस्यै नमो नमः।। 28।।
स्तुता सुरैः पूर्वमभीष्ट संश्रया–त्तथा सुरेन्द्रेण दिनेषु सेविता।
करोतु सा नः शुभहेतुरीश्वरी शुभानि भद्राण्यभिहन्तु चापदः।। 29।।
या साम्प्रतं चोद्धतदैत्यतापितै–रस्माभिरीशा च सुरैर्नमस्यते।
या च स्मृता तत्क्षणमेव हन्ति नः सर्वापदो भक्तिविनम्रमूर्तिभिः।।30।।

■■■